企业风险管理和内部控制研究

孙 鹏 赵 晖 赵伟召 ◎ 著

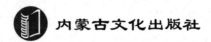

内蒙古文化出版社

图书在版编目（CIP）数据

企业风险管理和内部控制研究 / 孙鹏，赵晖，赵伟
召著． -- 呼伦贝尔：内蒙古文化出版社，2024.2
ISBN 978-7-5521-2408-8

Ⅰ．①企… Ⅱ．①孙… ②赵… ③赵… Ⅲ．①企业管
理－风险管理－研究②企业内部管理－研究 Ⅳ.
①F272.3

中国国家版本馆 CIP 数据核字（2024）第053855号

企业风险管理和内部控制研究

孙 鹏 赵 晖 赵伟召 著

责任编辑 黑 虎

装帧设计 北京万瑞铭图文化传媒有限公司

出版发行 内蒙古文化出版社

地 址 呼伦贝尔市海拉尔区河东新春街 4 付 3 号

直销热线 0470-8241422 **邮编** 021008

印刷装订 天津旭丰源印刷有限公司

开 本 787mm×1092mm 1/16

印 张 13.5

字 数 210千

版 次 2024 年 10月第 1 版

印 次 2024 年 10月第 1 次印刷

标准书号 978-7-5521-2408-8

定 价 78.00 元

前言

　　随着人们对内部控制与风险管理重要性认识的不断提高，内部控制与风险管理的号角已在全球吹响。风险管理离不开完善的内部控制。建立和健全内部控制体系，一方面能够提升企业高层管理者应对各种风险的能力或风险管理水平，避免各种内部舞弊行为的发生；另一方面，能够为审计师提供有效的企业内部控制信息，提高审计报告质量，进而降低审计风险。目前，内部控制实践已经发展到与风险管理、公司治理等相融合的新时代。

　　本书从企业风险的基础知识入手，阐述了企业风险的特点与类型、企业风险的生命周期、企业风险的管理架构、企业风险管理的作用、企业风险的识别以及企业风险管理的方法等内容，有针对性地对企业经营中的财务风险管理、法律风险管理做了介绍，探讨了不同类型的企业风险管理措施，以期为我国风险管理提供一些有益的建议。随后阐述了企业内部控制的基本原理、企业内部环境建设、企业内部控制方法，对企业一般经营业务内部控制建设、内部控制活动、信息和沟通、内部监督及评价进行分析，构建了基于风险管理整体框架的企业内部控制体系。

　　本书在撰写过程中借鉴和参考了其他学者的相关资料与研究成果，在此深表谢意。由于时间紧迫和专业水平有限，书中难免有所纰漏，还望广大读者批评指正。

目录

第一章 企业风险概述

第一节 风险

一、风险的概念与本质

风险是一个非常宽泛、常用的词汇。对于风险的定义，无论是业界还是理论界，国内还是国外，目前还没有达成一致的认识，并没有一个统一的界定，可以说这是一个"没有共识的共识"。

在现代经济活动和日常生活中，风险一词的使用频率非常高，但要具体说出什么是风险，在多数情况下我们会感到困难。《辞海》里虽然有风险管理的条目，却没有风险条目。

尽管我们普遍认为风险没有统一的定义，但任何管理都必须首先明确管理的对象，风险管理也是如此，加之风险是金融甚至所有经济活动的基本要素，对风险概念的明确成为关于风险理论问题探讨的首要问题。

风险是一种客观存在，不可避免，并在一定条件下还带有某些规律性。因此，我们只能试图将风险减小到最低的程度，而不可能完全避免或消除。降低风险的最有效方法就是要意识到并认可风险的存在，积极地去面对、去寻找解决方法，才能够有效地控制风险，将风险降到最低程度。

国内外与风险相关的教科书，如金融学、投资学、银行管理、保险、审计等，大多在承认风险缺乏统一定义之后提出各自的风险定义版本。综合分析这些定义版本，目前国内外金融理论界对风险的解释或界定主要有以下五种观点：

①风险是结果的不确定性；

②风险是损失发生的可能性，或可能发生的损失；

③风险是结果对期望的偏离；

④风险是导致损失的变化；

⑤风险是受伤害或损失的危险。

上述对风险的解释可以说都从不同的角度揭示了风险的某些内在特性。这些解释主要涉及不确定性、损失、可能性、波动性（即对期望的偏离）和危险等概念。本书并不提出新的风险定义版本，而是通过对这些概念与风险的关系的分析来进一步了解风险的本质和内在特性。

二、风险的特征

（一）风险是客观存在与主观认知的结合体

有学者指出："即使让我们了解了风险，也无法消除或解决是否必须接受风险这个问题。如风险评估像专家清楚表明的那样，没有像风险就存在于自身这样的东西。风险存在的现实是创造了风险，带来了关于风险的争论。这并不是说没有客观风险。问题不在于存在着抽象意义上的风险，而是人们接受风险的事实……客观风险越大，其存在越依赖价值体系。"在正常情况下，客观可能性与主观判断的可能性应该是平衡的，并且相互推动。客观可能性的存在引发了主观认知，而认知的深入有利于认识更深层次和更大范围的风险，并寻找更有效的应对风险的方法。但也存在认知脱离客观存在的情况，风险被夸大了，引起了不必要的恐慌，并误导了风险的解决。

（二）风险具有双重来源

引发风险的因素既来自自然界，也来自人类本身，而且后者已经成为风险的根本性来源。这有两层含义：一是人类发明的技术、制度安排以及做出的各种决定、采取的各种行动都可能带有风险，尽管其中大部分的目的是要预防、减少甚至控制风险；二是人类的行为加重了自然界本身具有的风险。这一方面表现为人类为了改善生产、生活而破坏了自然环境和自然规律，从而引发了包括"温室效应"、沙尘暴、赤潮、转基因食品等问题，另一方面是物品和人的流动造成了自然灾害的转移和扩散。典型的例子是一些动植物的跨国移动对接受国生物圈造成的破坏。

（三）风险是积极结果与消极后果的结合体

风险既可以被理解为机会、机遇，也可以被理解为危险和不确定性。

如果应对得当，风险可以被减小、避免，甚至能转化为成功的机会，并且从不同的角度出发也会看到风险的积极和消极的不同侧面。图洛克和鲁普顿在对澳大利亚和英国公众调查时发现，当问到如何定义"风险"时，大部分被调查者都把"风险"视为消极的、可怕的，会产生意料之外的结果 [1]。但一旦认为自己选择了冒险，个人之间的回答就出现了差别，有的是宿命论的，有的是乐观的。乐观的人认为，冒险或遇到风险是个人自我完善所必需的，能够张扬个性，或者冒险是为了控制风险。而在我们的日常话语中，也经常说"风险与机会并存"，也是对风险向积极结果转化的强调。如何应对风险的争论常常是因强调风险的不同后果而引发的。艾瓦尔德举例说，利用某种现代技术解决灾害的政府和公司总是力图劝说公众信服该技术的优点，而反对者则认为这种技术会带来其他的风险，并成为他们牟利的手段。

（四）风险具有可计算性和不可计算性

风险的可计算性体现为人类已经发展了一系列计算方法和测量工具来估算风险造成的损害及其相应的补偿。可计算性说明了风险是一个现代概念。但可计算性是相对的，只是体现了人类控制和减少风险的企图，经济补偿无法完全抵消风险带来的伤害，并且不能从根本上消除风险并阻止风险的发展，因此必须承认风险的不可计算性。不可计算性揭示了风险发生后的不可逆性。随着风险规模和影响的扩大，其不可计算性更加突出。而承认风险的不可计算性有利于人类反思其所处的现代性景况。

（五）风险具有时间和空间维度

毫无疑问，风险是一个将来时态的词，是未来指向的。如果这种可能性已经实现，风险就成为现实的破坏或伤害。风险在空间上是不断扩展的，其空间维度的增强取决于两个因素：一是产生风险的客观实在本身在空间中扩展了，比如某种技术被广泛应用，某种本土性制度扩展到全球范围；二是风险认知在空间中传播。一种理念或观点的传播，使不同阶层、地域中的人群对风险达成了共识。作为社会建构物的风险突破了地理空间以及社会空间的限制。当代出现的风险所具有的独特性是：它是普遍存在的、全球性的以及不可逆转的。从社会的角度看，它们普遍存在，威胁到所有生命，从人类到动植物；从空间上看，它们是全球性的，超越了地理界线和限制，突破了

---

① 谢科范，袁明鹏，彭华涛. 企业风险管理 [M]. 武汉：武汉理工大学出版社,2019.07.

政治边界，影响到微生物界以及大气层；从时间上看，它们是不可逆转的，对人类和物种的后代产生了消极影响。

三、风险的分类

关于风险分类，首先必须明确的问题就是分类标准的确定。由于分类是在定义的基础上对事物从不同的角度（即按照不同的标准）进行的考察和认识，分类的前提就是分类标准的确定。不同的分类标准代表着认识事物的不同角度，因而会有完全不同的分类结果。由于各类风险的原因、性质和结果以及在金融机构所处的业务领域和管理环节都可能不一样，为了从不同的角度识别和管理风险，风险的分类也因而复杂多样。

（一）根据风险承担是否可能给承担者带来收益将风险分为纯粹风险和投机风险

1. 纯粹风险

纯粹风险指只能给风险承担者造成损失，而无获利可能的风险。这种风险可能造成的结果只有两个，即没有损失和造成损失。如火灾、地震、疾病、车祸和犯罪等带来的风险。

纯粹风险一般可重复出现，因而可以预测其发生的概率，从而相对容易采取防范措施。对纯粹风险的处理有回避风险、预防风险、自留风险和转移风险等四种方法。

（1）回避风险

回避风险是指主动避开损失发生的可能性。它适用于对付那些损失发生概率高且损失程度大的风险，如考虑到游泳时有溺水的危险就不去游泳。虽然回避风险能从根本上消除隐患，但这种方法明显具有很大的局限性。其局限性表现在，并不是所有的风险都可以回避或应该进行回避，如人身意外伤害，无论如何小心翼翼，这类风险总是无法彻底消除。

（2）预防风险

预防风险是指采取预防措施，以减少损失发生的可能性及损失程度。兴修水利、建造防护林就是典型的例子。预防风险涉及一个现时成本与潜在损失比较的问题，若潜在损失远大于采取预防措施所支出的成本，就应采用预防风险手段。以兴修堤坝为例，虽然施工成本很高，但考虑到洪水泛滥将造成的巨大灾害，就极为必要了。

（3）自留风险

自留风险也被称为风险自留或者风险承担，是指企业自己非理性或理性地主动承担风险，即指一个企业以其内部的资源来弥补损失。

（4）转移风险

是指通过订立保险合同，将风险转移给保险公司（保险人）。个体在面临风险的时候，可以向保险人缴纳一定的保险费，将风险转移。一旦预期风险发生并且造成了损失，则保险人必须在合同规定的责任范围之内进行经济赔偿。

2. 投机风险

投机风险是指风险导致的结果有三种可能：没有损失，有损失，盈利。它使承担者既有损失的可能，也有获利的可能。比如股票投资，投资者购买某种股票后，可能会由于股票价格上升而获得收益，也可能由于股票价格下降而蒙受损失，但股票的价格到底是上升还是下降，幅度有多大，这些都是不确定的，因而这类风险就属于投机风险。

投机风险重复出现的概率小，因此预测的准确性相对较差。

纯粹风险和投机风险常常同时存在。传统上，只有纯粹风险才能设计保险产品，但随着期权等金融衍生产品的发展，针对投机风险的具有保险性质的金融产品获得了很大发展，而且近些年还从市场风险领域发展到信用风险领域。

（二）根据风险发生的范围可以将金融风险分为系统性风险和非系统性风险

1. 系统性风险

系统性风险即市场风险，是指由整体政治、经济、社会等金融机构外部系统性因素变化引起，对所有企业和投资项目都产生影响的风险。系统性风险是单个经济主体无法控制的，是不能够通过分散投资来消除的，因而也被称为不可分散风险。系统性风险可以用贝塔系数来衡量。

系统性风险包括政策风险、经济周期性波动风险、利率风险、购买力风险、汇率风险等。对系统性风险的识别就是对一个国家一定时期内宏观的经济状况做出判断，一般包括经济等方面的关系全局的因素。如世界经济或某国经济发生严重危机、持续高涨的通货膨胀、特大自然灾害等。

系统性风险的特点是：对整个股票市场或绝大多数股票普遍产生不利影响。系统性风险造成的后果带有普遍性，其主要特征是几乎所有的股票均下跌，投资者往往要遭受很大的损失。

2. 非系统性风险

非系统性风险是指由某些因素的变化，个别企业和投资项目本身的不确定性引起。它是与整个股票市场或者整个期货市场或外汇市场等相关金融投机市场波动无关的风险，不对所有企业和投资项目产生影响的风险。非系统性风险可以通过多样化分散投资的方法来降低，甚至是最终可以消除的，因而也被称为可分散风险。

非系统性风险的特点是：

①它是由特殊因素引起的，如企业的管理问题、上市公司的劳资问题等。

②它只影响某些股票的收益。它是某一企业或行业特有的那部分风险。如房地产业股票，遇到房地产业不景气时就会出现下跌。

③它可通过分散投资来加以减少，但并不能完全消除。由于非系统性风险属于个别风险，是由个别人、个别企业或个别行业等可控因素带来的，因此，股民可通过投资的多样化来化解非系统性风险。

（三）根据风险所处的业务种类可以将风险分为信贷风险、存款风险、交易风险、结算风险、中间业务风险等等

尽管在实践中这些风险类别是很常见的提法，但严格地讲，这并不是对风险本身的分类，而是对业务的分类，风险类别多少取决于业务种类的多少，而且这种风险分类的方法还可以延伸到金融机构的类别，如商业银行风险和证券公司风险。此外，一种比较概括的此种分类方法是将风险分为银行账户风险和交易账户风险，这在巴塞尔银行监管委员会的监管文件中比较常见，例如巴塞尔新资本协议将利率风险就分为银行账户和交易账户区别对待。

（四）根据损失的严重程度，风险可以分为预期损失风险、非预期损失风险和灾难性损失风险

这种分类的前提是风险的损失概率分布被确定。随着现代风险计量方

法的发展，这种分类的应用变得越来越广泛而且重要。在这种分类下，不同的风险具有不同的管理策略，预期损失风险通过提前与预期损失相当的准备金来应对，非预期损失风险通过提取与给定置信水平下的非预期损失相当的资本金来应对，而对灾难性损失风险则采用购买保险的策略来应对。

此外，根据损失的内容，风险可分为财产风险、声誉风险、人才风险、市场份额风险、竞争力风险；根据管理层次，风险可以分为业务风险、操作风险、财务风险和战略风险；根据风险对金融机构的重要性，可以分为目标风险和非目标风险；根据风险是否可以交易，可以分为可交易风险和不可交易风险（又称可对冲风险和不可对冲风险）等等。显然，风险的分类标准是难以完全列出的。对于风险管理而言，重要的并非是要完全罗列出不同的分类标准，而是要选择符合风险分析和管理具体目的和需要的分类标准，而且要认识到任何分类必须有明确的分类标准，不同分类标准下的风险类别不能混淆。然而，在现实中，风险分类的标准往往被忽略，甚至被混淆，从而导致了我们对风险的认识存在误区和对风险管理工作有困惑。一个典型的例子是将信用风险和信贷风险混为一谈。从上述的风险分类中我们不难看出，两者属于不同的风险分类，前者是按照风险诱因分类，后者是按照业务种类分类，完全是两个不同的概念。尽管信用风险是信贷业务中的主要风险，但并非唯一风险，操作风险和利率、汇率等市场风险也是信贷风险中的组成部分。将信贷风险等同于信用风险的一个不可忽视的后果就是信贷管理者可能将信贷业务中的操作风险忽略，或将由管理和操作失误造成的信贷损失转嫁到外部信用变化方面。

四、风险的成因

我们生存在一个风险无处不在的世界里，确定性和不确定性交织在一起，共同影响我们的生活，决定我们的命运。可是，风险究竟从何而来？知己知彼，百战不殆。在这一节中，我们将全面探讨风险形成的原因，只有我们熟悉风险、了解风险，我们面对突如其来的风险时才会从容不迫。

产生风险的原因有很多种。一般来说，风险主要来源于自然和社会环境的不确定性，市场经济运行及经济单位自身业务的复杂性，以及管理者认识能力的滞后性与手段方法的局限性。总而言之，风险产生的原因既受主观因素的影响，也受客观因素的影响，具体有以下两方面：

（一）主观因素

风险产生的主观影响因素主要体现在信息的不完全性与不充分性。信息在质与量两个方面不能完全或充分地满足预测未来的需要，而获取完全充分的信息要耗费大量的金钱与时间，不利于及时地做出决策。人的有限理性决定了人不可能准确无误地预测未来的一切。人的能力等主观因素的限制加上预测工具以及工作条件的限制，决定了预测结果与实际情况肯定有或大或小的偏差。

（二）客观因素

1. 自然因素

人类起源于自然，并在自然界中生存、进化和发展。自然界的阳光、空气、水分是维持生物有机体的物理和化学元素，是人类赖以生存的基础。长期以来，人类逐步适应了自然的生存环境，并力图按自身的想法去改造自然，想与其建立一个相容，和谐的关系。但是，由于自然界的运动变化不仅受其自身规律的作用，而且还受到种种外力的影响和制约，因而使其运动发展过程中呈现出不规则的变化趋势。自然界就像个不听话的孩子，阴晴无端、喜怒无常地导演出一幕幕自然灾害的闹剧，使人类经常遭受地震、洪水、风暴海啸等的侵害，给人们正常的生产、生活带来严重影响，让人们的生命财产蒙受巨大损失。总之，自然风险是指因自然力的不规则变化使社会生产和社会生活等遭受威胁的风险。如地震、风灾、火灾以及各种瘟疫等自然现象是常见的自然风险。在各类风险中，自然风险是保险人承保最多的风险。

2. 社会因素

由于生存规律的作用，人类聚集在一起并以一定的方式组织起来，由此产生了家庭，部落乃至国家。在这些社会组织中和各社会组织之间，人们结成各种社会关系，形成了不同的社会环境。社会环境同自然环境有相似之处，在一定程度上也呈现不规则运动，因此存在着诸多不确定性。

社会因素是指社会上的各种事物，包括社会制度，社会群体、社会交往、道德规范，国家法律，社会舆论，风俗习惯等等。它们的存在和作用是强有力的，影响着人们态度的形成和改变。社会风险是指由于个人或团体所做出的行为（包括过失行为、不当行为以及故意行为）使社会生产以及人们生活遭受损失的风险。如盗窃、抢劫，玩忽职守及故意破坏等行为将可能对他人财产造成损失或人身造成伤害。

3. 政治因素

政治是人类社会发展到一定阶段后出现的特殊的历史现象。它产生于人与人之间的利害冲突，是社会中占统治地位的阶级，通过建立以暴力为基础的国家政权，利用法律这种强制性的手段来调节利益分配，解决社会冲突的活动。政治是上层建筑领域中各种权力主体维护自身利益的特定行为以及由此结成的特定关系，是人类历史发展到一定时期产生的一种重要社会现象。政治对社会生活的各个方面都有重大的影响和作用，这一社会现象很复杂，因此也存在很多风险。政治风险是指在对外投资和贸易过程中，因政治原因或订立双方所不能控制的原因使债权人可能遭受损失的风险。如因进口国发生战争，内乱而中止货物进口，因进口国实施进口或外汇管制等。

4. 经济因素

风险产生的经济因素是指因经济前景的不确定性，各经济实体在从事正常的经济活动时蒙受经济损失的可能性，它是市场经济发展过程中的必然现象。在简单的商品生产条件下，商品交换范围较小，产品更新的周期较长，故生产经营者易于把握预期的收益，经济风险不太明显。随着市场经济的发展，生产规模不断扩大，产品更新加快，社会需求变化剧烈，经济风险已成为每个生产者、经营者必须正视的问题。总之，市场经济中的经济风险和经济利益是同时并存的，高风险往往伴随着高收益。因此，经济因素造成的影响可以说是一把"双刃剑"，既能激励经济主体趋利避险，加强和改善经营管理，改进技术，更新设备，降低消耗，提高经济效益，促进经济迅速发展，又能使市场主体患得患失，顾虑重重，追求盈利的冲动受到可能蒙受的经济损失因素制约，使市场经济主体在经济行为理性化的同时，有可能失去发展的良机，由此而使经济运行趋于稳定或停滞。我们必须正视其抑制作用，强化风险制约的功能，同时采取积极的措施，充分发挥其激励作用。经济风险是指在生产和销售等经营活动中由于受各种市场供求关系、经济贸易条件等因素变化的影响或经营者决策失误，对前景预期出现偏差等导致经营失败的风险。如企业生产规模的增减、价格的涨落和经营盈亏等。

5. 技术因素

风险产生的技术因素是指伴随着科学技术的发展、生产方式的改变而产生的威胁人们生产与生活的风险因素，如核辐射、空气污染和噪音等。导致风险产生的技术因素种类很多，主要类型有因技术不足导致的技术开发方面问题，技术保护不当、技术使用问题，技术取得和转让问题等。

技术因素主要来自硬件设备和软件两个方面。

第一，技术创新所需要的相关技术不配套、不成熟，技术创新所需要的相应设施、设备不够完善。这些因素的存在，影响到创新技术的适用性、先进性、完整性，可行性和可靠性，从而产生技术性风险。许多企业热衷于提高企业技术水平和科技含量,引进国外先进技术和设备,结果"食洋不化",闲置设备，发挥不了作用。

第二，对技术创新的市场预测不够充分。任何一项新技术，新产品最终都要接受市场的检验。如果不能对技术的市场适应性、先进性和收益性做出比较科学的预测，那么创新的技术在初始阶段就存在风险。这种风险产生于技术本身，因而是技术风险。这种风险源自新产品不一定被市场接受，或投放市场后被其他同类产品取代，所发生的损失包括技术创新开发，转让转化过程中的损失。这就是说，企业在技术创新上确实存在风险，并不是技术越先进越好。

技术因素引起的风险可依据工程项目风险定义进行等级区分，通常分为低，中、高风险三个等级。低风险是指可辨识且可监控其对项目目标影响的风险。中等风险是指可辨识的，对工程系统的技术性能、费用或进度将产生较大影响的风险。这类风险发生的可能性相当高，是有条件接受的事件，需要对其进行严密监控。高风险是指发生的可能性很高、不可接受的事件，其后果将对工程项目有极大影响的风险。

五、风险的构成要素

风险是由多种要素构成的，这些要素决定了风险的产生和发展。一般来说，风险是由风险因素，风险事故和风险损失构成,且风险因素、风险事故和风险损失之间存在着一定的内在联系。

（一）风险因素

风险因素也称风险条件，是指促使某一特定风险事故发生或增加其发生的可能性或扩大其损失程度的原因或条件。风险因素是风险事故发生的潜在原因，是造成损失的间接原因。例如，对于建筑物而言，风险因素是指所用的建筑材料的质量、建筑结构的稳定性等；对于人类而言，风险因素包括健康状况、年龄等。

1.物质风险因素

物质风险因素是指有形的能直接影响事物的物理功能，特别是指某一本身所具有的足以引起风险事故发生或增加损失机会或加重损失程度的因素。人类对于这类风险因素，有些可以在一定程度上加以控制，有些在一定时期内还是无能为力。在保险实务中，由物质风险因素引起的损失风险，大都属于保险责任范围。如地震、恶劣的气候造成房屋的倒塌，因疾病传染导致人群的成批死亡，汽车刹车系统失灵引发交通事故，易燃建筑材料引起建筑物火灾等，都属于物质风险因素。

2.道德风险因素

道德风险因素是指与人的品德修养有关的无形因素，即由于人们不诚实、不正直或有不轨企图，故意促使风险事故发生，以致引起财产损失和人身伤亡因素。如偷工减料引起的产品事故，隐瞒产品质量引起的食品安全事件。在保险业务中，保险人对因投保人或被保险人的道德风险因素所引起的经济损失，不承担赔偿或给付责任。

3.心理风险因素

心理风险因素是与人的心理状态有关的无形因素，即由于人们疏忽或过失以及主观上不注意、不关心，心存侥幸，以致增加风险事故发生的机会和加大损失的严重性的因素。例如，企业或个人投保财产保险后产生了放松对财务安全管理的思想，如生产物品乱堆放，吸烟后随意抛弃烟蒂等的心理或行为，企业或个人投保了财产保险后放松对保险财产的保护措施；投保人身保险后忽视自己的身体健康等都属于心理风险因素。

道德风险因素和心理风险因素都与人密切相关。前者强调的是故意或恶意，而后者则强调无意或疏忽，但实际操作中二者往往不易区分。因此，如何防范道德风险因素和心理风险因素是风险管理的一个重要课题。基于这种考虑，有人主张把道德风险因素与心理风险因素合称为人为风险因素。所以，风险因素也可分为两种，即物质风险因素和人为风险因素。

（二）风险事故

风险事故又称风险事件，是指风险的可能成为现实，以致造成人身伤亡或财产损害的偶发事件，它是造成损失的直接原因和外部原因。例如，火灾、地震、洪水、龙卷风、雷电，爆炸、盗窃、抢劫、疾病、死亡等都是风险事故。

风险事故发生的根源主要有以下三种：

①自然现象，如地震、台风、洪水等。

②社会政治、经济的变动，如战争、革命、暴乱等社会政治事件，通货膨胀、紧缩、金融危机等经济事件。

③意外事故，即由于人的疏忽过失行为导致的损害事件，如汽车相撞、轮船倾覆，失足跌落等。

（三）风险损失

1. 损失的定义和内涵

损失作为风险管理和保险经营的一个重要概念，是指非故意的，非计划的和非预期的经济价值的减少。损失包含两个重要的要素：一是"非故意的""非计划的"和"非预期的"；二是"经济价值的减少"。两者缺一不可，否则就构不成损失。

2. 损失管理

损失管理是指有意识地采取行动防止或减少灾害事故的发生以及降低造成的经济及社会损失。它的目标分为两种：一是损失发生之前，全面地消除损失发生的根源，尽量减少损失发生频率；二是在损失发生之后努力减轻损失的程度。

3. 风险损失的定义

风险损失是指由于一个或多个意外事件的发生，在某一特定条件和特定企业内外产生的多种损失的综合。产生于企业内部的损失，称企业风险损失，其余称企业外部风险损失。风险损失是由意外事件引起的企业内外多种损失的综合。这实际上是强调风险损失构成的复杂性及与非企业风险损失的区别。企业在正常生产经营条件下，也会产生这样或那样的损失，诸如正常的停工损失，废品损失等，这些不是这里侧重研究的内容。所谓风险损失是特指出乎意料的损失。风险损失种类繁多，但通常分为两种形态，即直接损失和间接损失，前者指风险事故直接造成的有形损失，即实质损失；后者是由直接损失进一步引发或带来的无形损失，包括额外费用损失，收入损失和责任损失。

（1）实质损失

实质损失是较新的提法，它是指风险事故直接造成的有形物质的损失，又称直接损失。例如，工伤事故导致工人的器官损伤，这是个人的实质损失，自然灾害导致财产、人身的损失等也属于实质损失。

（2）额外费用损失

额外费用损失是指由风险事故而引起的施救费用、救助费用、医疗费用、清理产地费用等。例如，购买保险的汽车发生事故后车辆维修所花费的经费。救助费用是指保险船舶因自然灾害或者意外事故处于危险之中，需要借助他人使用船舶提供帮助而产生的费用。这种由风险事故而引起的风险管理单位支付的费用即费用损失。

（3）收入损失

收入损失是指由风险事故引起的当事人收入的减少。例如，工地员工罢工导致建筑公司暂停工程而造成的收入的减少；企业经营中断会导致风险，当事人营业收入的减少，引起经营收入的损失。

（4）责任损失

责任损失是指根据合同或者有关法律责任的条款规定，由于行为人的行为而致使他人的财产或者人身受到伤害承担经济赔偿责任的风险。或者说，他人遭受的损失需要由你来承担责任，对于你来讲，它就是责任风险。比如车辆撞人，车辆所有人应当承担赔偿责任，这就是责任损失；学校管理不善，导致学生在学校受到伤害，学校应当承担的赔偿责任，也是责任损失；医生操作失误，导致患者遭受损害，这同样也是责任损失。

（四）风险因素、风险事故和风险损失之间的关系

风险因素是指引起或增加风险事故发生的机会或扩大损失幅度的条件，是风险事故发生的潜在原因；风险事故是造成生命财产损失的偶发事件，是造成损失的直接的或外在的原因，是损失的媒介。高速公路上积水，导致小汽车撞车，导致小汽车被撞毁。其中风险因素是高速公路上积水，风险事故是撞车，损失是小汽车被撞毁。

值得注意的是，同一事件，在一定条件下是造成损失的直接原因，则它是风险事故。而在其他条件下，则可能是造成损失的间接原因，于是它成为风险因素。例如，下冰雹使得路滑，引起车祸，造成人员伤亡，这时冰雹是风险因素，车祸是风险事故。但若冰雹直接击伤行人，则冰雹就是风险事故。

第二节　企业风险的特点与类型

一、企业风险的特点

随着市场竞争的加剧，企业所面临的经营环境愈来愈复杂多变，企业风险在类型上、复杂性上、不确定性程度上均有增无减，有很多新的风险不断涌现，如跨界竞争风险、虚拟支付风险等都是前所未有的。由于现代生产经营活动中的风险普遍存在，企业无时不在与风险打交道。因此，现代企业管理的一个重要方面是风险管理。企业能否在竞争中取胜，取决于企业对风险的识别能力、防范能力和处理能力的高低。

现代企业的风险具有以下特点：

（一）风险领域的广泛性

风险存在于企业生产经营活动中的各个子系统、各个环节、各个阶段。企业在创业阶段面临着极大的不确定性，创业意味着冒险，创业者大都需要有冒险精神，而且创业者存在资源缺口，资源缺口会加剧创业风险。企业在成长和发展阶段面临着生存风险，更为严重的是，企业在创业期会扩张风险，且其资源缺口可能会进一步加剧。企业在信息调研过程中存在信息不全、信息失准的风险；在信息运用过程中又会出现简化效应，导致认知偏差，影响决策者的风险感知；在决策过程中则面临决策失误或失败的风险，企业决策

大多是风险决策，而很多决策者则把其当作确定性决策来进行，结果因风险考虑不周而导致失败；在决策实施过程中存在环境变化、实施不力等方面的风险，导致即使是相对科学有效的决策也可能失效。企业在技术开发过程中存在开发失败、开发质量低下、开发延期的风险；在生产过程中存在设备故障、产品质量不合格、加工失误、效率降低等方面的风险；在投资过程中存在资金沉淀、投资不能回收以及被欺诈等方面的风险；在市场营销过程中存在消费者需求变动、竞争对手出现、销售渠道不畅、进口冲击、政策法律变化等方面的风险。企业既存在员工人身安全、事故故障、自然灾害、人为过失等方面的静态风险，也存在由于社会因素变化而造成的形式多样、难以预料的动态风险。因此，可以说企业风险无处不在。

（二）风险因素的多样性

各种自然的、心理的、社会的、政治的、政策的、法律的、科技的、经济的、市场的因素变化，均可成为企业风险致因。特别是企业之间的相互竞争，更使得企业的风险具有某种对抗性、博弈性，进而使得企业的风险管理必须具有技巧性、艺术性、超前性。企业处理风险时既不能把外部环境看成被动的，也不能把其看成静态的，而应当把某些外部因素拟人化，将竞争行为博弈化，并推测竞争者的可能行为和消费者消费倾向的变化。

（三）风险征兆的隐蔽性

风险在出现之前一般都有一定的征兆，如果企业能及时识别这些征兆并利用它们来进行预警和预防，便会减少风险给企业带来的损失。但企业所面临的风险大都具有隐蔽性，不易为人们所察觉和把握，这就给企业的风险防范和风险预警预控带来了一定的困难。对风险的识别，需要决策者拥有丰富的经验、敏感的直觉、正确的判断，并能运用科学的风险识别与预警方法。

（四）企业风险的跨国化

伴随着经济全球化和企业国际化的进程，企业风险的跨国化趋势也愈来愈明显。其一，各国市场之间连通性加强，使得国际市场的风吹草动均有可能导致企业风险的产生；市场竞争的国际化，使企业不仅面临国内市场竞争的风险，还面临国外企业的竞争威胁。其二，企业进出口面临复杂的涉外经济风险，如国际物流风险、国际结算风险、外汇风险、贸易壁垒风险等。

其三，国际政治格局、法律制度、消费倾向等的变化对企业构成复杂的风险威胁。其四，国际经济技术合作、跨国经济已成为生产经营风险国际传导的重要途径。

（五）企业风险的跨界化

在网络经济时代，跨界竞争愈演愈烈。当某一行业的某一企业殚精竭虑地防备业内强敌时，业外的、潜在的、看不见的对手正在虎视眈眈。所以，尼康没有被索尼、佳能等同行打败，却被手机行业打败。"康师傅"在方便面市场的失利，一方面与业内的竞争对手有关，也与业外的"美团"、"饿了么"等外卖企业的间接挤压有关。因此，在新时代，跨界竞争风险会越来越普遍，而跨界竞争的对手都在暗处，令人防不胜防。

二、企业风险的一般分类

企业风险从起因上分包括人因风险、物因风险与环因风险。人因风险是指由于企业员工而导致的风险；物因风险，是指企业的设备、零部件、材料、建筑物等导致的风险；环因风险则是企业的外部环境带来的风险，如国际市场的变化、政府政策法律的变化、竞争对手的行动、消费者需求的变化等给企业带来的风险。人因与物因之间存在关系，对这种关系（或界面）进行研究的学科即人因工程。

一般而言，企业风险可以分为以下三种：

（一）战略风险

战略风险指来源于企业的战略决策，影响到企业的战略实施，或给企业带来重大影响的风险。如行业选择与定位风险、股权（结构）变动风险、治理机制变动风险、重大项目投资风险等。

（二）业务风险

业务风险指涉及企业某一个部门、某一个业务领域、某一项特定职能方面的风险。例如，尚未上升到危机层次的财务风险、市场风险、生产风险、技术（创新）风险、人力资源风险、供应链风险、创业风险、项目风险等。

大多数情况下，企业生产经营活动中主要的具体业务风险包括（以学术研究关注的先后为序）：

1. 生产风险

企业在产品的生产过程中会遇到各种各样的风险，如设备故障、事故等导致生产过程停顿，因原材料、零部件供应不及时而导致停工待料；因设备老化、工艺不合理而导致生产效率低下；因技术水平低、管理不善而导致产品质量不高、次品增多；因业务流程变动后生产人员一时难以适应出现生产暂停或残次品增多等。一般地，可以把企业生产风险（有时又称为生产现场风险），分为以下四种：

质量风险：质量不稳定或次品率偏高的风险。

成本风险：成本波动、成本超支或出现浪费的风险。

效率风险：生产效率不高导致效益不佳以及不能及时供货的风险。

安全风险：生产现场发生事故或故障，导致生产停顿以及财产和生命发生损失的风险。

企业在生产过程中的风险，最终可能导致企业经济效益低下，给企业造成经济损失，生产现场的重大事故带来的重大生命和财产损失及对环境的破坏，会给企业带来生存危机。

2. 技术（创新）风险

创新是企业可持续发展的重要驱动力，是企业参与市场竞争的重要方面。创新可以给企业带来发展的机会，企业的创新大致可以分为技术创新和管理创新。但企业的创新尤其技术创新活动可能会给企业带来风险。技术创新风险是指企业从事技术创新而失败的可能性。越是高技术，其创新的风险也越高，失败率也就越大。企业技术创新的风险主要来源于技术开发项目本身的难度与复杂性，及技术不成熟、缺乏适用性或存在缺陷；技术在生产运用过程中由于设备、工艺、管理的不适应而导致新产品成本高、废品率高，或者达不到预期的产品技术要求；技术所形成的新产品在进入市场过程中由于不适应消费者的需求或竞争对手的原因导致的市场进入障碍以及销售效果的不理想等。

3. 供应链风险

在企业运作管理中，供应链的运作十分重要，供应链风险管理在风险管理中的地位越来越高。供应链中会存在供应不及时、需求变动、质量波动、协调配合障碍等风险。一般地，供应链存在"三流"，即物流、资金流、信息流，三流会产生相应的风险。供应链险是指物质产品或服务在供应链从上游向下游流动时产生的风险，包括数量风险、质量风险和供货期风险；资金流风险是指资金流从下游向上游流动时产生的风险，包括融资风险、货款回收风险等；信息流风险是指供应链上下游的信息交互过程中所产生的风险，包括"牛鞭效应"所产生的信息扭曲风险和信息共享不够所产生的供应链成员之间的协调风险。

在供应链中，还存在物流风险。物流涉及物品、货物的地域流动，是由人的因素、运输的因素以及地理和监管制度等引致比较复杂的风险；特别是天气或自然灾害会对物流造成较大冲击甚至导致重大的货物损毁，因此物流风险在企业风险管理中十分重要。

4. 市场风险

竞争者、消费者、宏观经济形势、社会政治环境等多种因素的共同作用，使得市场风险成为对企业威胁最大的风险。一方面市场风险来自消费者、用户，称为需求风险，即消费者的需求具有不确定性和变化性。需求风险产生的一个重要原因是所谓的"伪需求"，即企业所预估的需求有较大部分不是真正的需求，而且是永远无法转化成为现实购买的需求，或满足该需求的条件或门槛很高。另一方面市场风险来源于竞争对手，称为竞争风险，即竞争对手与本企业争夺市场。市场风险的最大特点是其具有一定程度的不可控性，即企业对市场风险的控制力非常有限，使得风险控制效果很差，企业一般只能通过风险回避、风险分散、风险分摊等方式来防范市场风险。

关于市场风险，一些学者比较关注其中的竞争风险，有的学者如张云起则注重对营销风险的系统研究。

5. 组织风险

企业在发展过程中会出现一些组织问题，诸如：部门繁多、机构臃肿；人浮于事、组织缺乏竞争；程序复杂、组织效率低下；资源浪费、效率低下；宗派严重、人才流失等。这些都是企业面临的组织风险，影响着企业的良性发展。企业一般可以通过组织变革，倡导和建立学习型组织等方式，转移或减轻组织风险。

6. 财务风险

狭义的财务风险是指公司资产负债率过高（太高的资产负债率会导致破产风险）或资产结构不合理（不良资产比例过高）的风险。经营不善、无力偿还债务、利率变动、融资失利等是企业财务风险的常见原因。企业一般只能通过风险回避、风险分散、风险分摊等方式来防范财务风险。有的学者认为可把投（融）资风险视为财务风险的一种，有的学者主张把资本运作风险、并购风险，甚至金融风险等也归入到财务风险中，这样就形成了广义的财务风险。因此，广义的财务风险包括：投（融）资风险、资本运作（包括并购、资金回收、收益分配）风险和金融风险。在资本主义定价模型中，投（融）资风险分为系统风险和非系统风险，金融风险主要包括汇率风险、信用风险、利率风险、债务风险、流动性风险、操作风险及法律政策风险。金融风险专业性较强，资本运作的外延比较宽泛，不应属于财务风险的范畴。本书第八章将专门介绍有关财务风险管理的内容。

7. 创业风险

在企业创业过程中，风险较为普遍。这主要是因为创业者缺乏创业资源，包括创业资金以及具有胜任力的、结构合理的人力资源。同时，创业初期，创业者的社会网络或人脉资源不足，企业生态也未建立起来，因而创业风险是企业风险管理以及创业管理的一个非常重要的内容。

8. 人力资源风险

人具有能动性和需求复杂性，人的行为很难预测，人的想法也很难被客观揭示，导致人力资源风险难以识别且不容易管理。同时，严重的人力资源风险会导致企业严峻的生存危机，如高管的战略失误或内讧，以及关键人力资源（如核心高管或技术人员）的流失，都会给企业带来危机。

9. 项目风险

项目风险是较为常见也是最早受到重视的风险。项目风险管理早已成为项目管理中重要的一部分。项目之间的差异性比较大，比较典型的项目包括建设项目、研发项目以及其他的任务性项目（如展会项目、比赛项目、公司筹建项目等）。项目管理有一套相对成熟的方法体系，近些年来有从企业风险管理体系中脱离而成为一个单独领域的趋势，而且比较专注于建设项目或施工项目。项目风险管理一般基于三个维度：成本风险、进度风险和质量风险，三个维度之间会相互影响，其管理过程多运用风险矩阵法、工作分解法、风险排序法等。同时，项目风险管理的软件化发展很快，且在实践中得到了很好的运用。

另外，其他一些风险，如外汇风险（或汇率风险）、利率风险、广告风险、品牌风险、政策风险等，在企业风险管理中也必须得到关注。

（三）操作风险

操作风险指业务人员在操作过程中发生工作失误的风险，如设备的违规操作、文件的误发、数据记录错误、货物发送错误、人为破坏、工作倦怠、违法渎职等。

第三节 企业风险的生命周期

一、企业生命周期

企业生命周期是一种对企业诞生、成长、成熟、衰退到消亡的过程的一种生物类比描述。

（一）企业生命周期描述的两种视角

①组织行为学视角。组织行为学从组织效率演变的角度来研究企业生命周期问题，可以称之为企业生命周期的组织效率论。

②经济学视角。企业经济学、产业经济学从企业规模的变化所导致的单位产品成本的变化来研究企业生命周期问题，可以称之为企业生命周期的规模论。

企业的生存与发展既不单纯是一个组织行为学中的组织效率问题，也不单纯是一个经济学中的规模经济或规模不经济的问题，而是受诸多复杂因素的影响。如外部环境、技术进步和战略决策等，甚至某些偶发因素、非经济因素也可能导致企业在短期内消亡。因此，应从多因素的角度来综合分析企业生命周期的问题。

（二）企业生命周期的两个含义

①企业生命周期的寿命论。企业生命周期指的是企业寿命的长短，即企业从诞生到消亡所经历的时间。

②企业生命周期的过程论。企业生命周期指的是企业存续的过程，即企业从诞生到消亡的整个过程。企业的诞生、成长、衰退和消亡的过程，与生物体的诞生、成长、衰老和死亡的过程存在诸多相似性。

一般地，可以同时将企业生命周期考虑为企业的发展过程与寿命的综合。

二、企业生命周期的阶段

企业在其生命周期演化过程中，与自然生态有着可以比拟之处。首先，企业是一个有生命特征的组织系统，可以成长、变化、学习、进化，企业在成长发展过程中可以形成企业基因特别是文化基因，并可以传承，也可以在周边环境的影响下进化。其次，企业与其利益相关者共同组成一个生态系统，彼此相互传递物质、信息和能量，形成相互依存的竞合关系。最后，企业与其供应链企业以及协作伙伴会形成群落，即集群发展，在集群中形成协同机制并共同进化。在企业的生态系统中，其"三流"即物流、资金流、信息流类似于食物链中的食物及养料，在企业生态系统中经过吸纳、消化、分解、转化，最终以有形的产品或无形的服务，通过市场供需机制，对内转化为企业有形的财富和无形的实力，对外则为社会提供产品与服务，向政府上缴税收，为国家增添竞争力。

企业同生物体一样，也存在一定的生命周期。一般而言，企业生命周期可以分为四个阶段：

（一）新生期

关于企业新生期，有两种界定方式：一种是把企业筹办阶段和企业初创阶段合并为新生期；另一种是把企业筹办阶段视为企业孕育期，而把企业正式注册开业到企业快速增长这一时期看作是企业新生期。我们认为第二种界定方式比较合理。企业在新生期的主要特征是：创业者具有抱负、信心、冒险精神和团结精神；企业产品销路未打开、品种少、规模小、盈利少甚至亏损、缺乏知名度和社会网络。

（二）成长期

一般指企业缓慢增长到快速增长的第一拐点与快速增长到缓慢增长的第二拐点之间的时期，此时期的特点是：企业实力增强，销量快速增长，主业开始形成，开始有比较稳定的销售渠道和合作伙伴；企业管理团队依旧有冒险精神，创新意识强；企业试图扩张及开展多元化；企业资金需求大，利润不能满足其规模扩张的需要。

（三）成熟期

一般指企业在快速增长到增长放慢的第二拐点与慢速下降到快速下降的第三拐点之间的时期，此时期的特点是：企业规模达到最大；盈利能力先升后降；企业组织体系完整，规章制度全面；管理者的创新精神与冒险精神减弱；企业效率变低，部门间摩擦加剧，创业者之间矛盾加深。

（四）衰退期

企业全面走向衰老和消亡的时期。此时的特点是：企业规模仍较大；企业亏损，资产负债率高；市场地位渐失，企业形象退化；人心涣散，人才外流。

三、企业生命周期各阶段的风险

企业在其生命（周期）过程中会经历各种风险，有的风险对企业来说仅仅是一种考验或者锻炼的机会，有的风险对企业来说则是致命的。在企业生命周期的不同阶段，其风险是不一样的。

（一）新生期的风险

在新生期，企业面临的风险：一是实力和竞争力低下带来的风险。在这一阶段，企业的资金实力、技术实力、人才实力等均很弱，在面临强大的竞争对手时竞争力不够，从而导致较大的竞争风险。二是企业免疫力不够，经不起外部环境的巨大变化。同时，由于新生企业在创业阶段产品单一，因而无法通过多产品策略来分散风险，致使其抗风险能力弱。三是管理经验不足带来的风险。创业者缺乏企业管理经验，包括管人的经验、管事的经验、解决突发事件的经验、与相关部门打交道的经验、识别消费者需求的经验。同时，创业者对国家相关政策法规、行业形势、行规等也缺乏充分了解，从而导致管理决策中的不确定性增加和效率降低，从而引致决策风险。新生企业不像老企业那样经验丰富，对于老企业来说属于习以为常的、属于程序管理的事情，对于新企业来说都是新问题，新企业往往在这些问题上容易出错。特别是对于某些非常规的突发事件，新生企业的决策者很容易乱了方寸。

（二）成长期的风险

处于成长期的企业，在经历艰难创业后处于蒸蒸日上的过程中，创业者开始看到了辛勤汗水结成的胜利果实，因而创业者开始有了自信并对未来的发展充满信心。正是这种信心，可能会导致企业在成长期遭遇非常大的风险，即生存风险。成长期往往是企业成长速度最快的时期，对成就感的追求使得决策者迫切希望迅速增加产量、扩大销量和市场占有率、拓宽业务面、提高知名度。而这些都需要大量的投入，在企业自我积累能力不足的情况下，负债经营便成为一些成长期企业的一个主要选择，而这势必会加剧企业的财务风险。初期的成功会给创业者一种错觉，使得决策者在决策中表现出不切实际的乐观倾向，从而对于一些风险性很大的项目，决策者只看到这些项目的盈利性而忽视其风险性，盲目投资项目、盲目决策的现象较为普遍，从而导致决策失误。多元化是扩张企业和分散风险的经典战略，这一经典战略也为处于创业期而又急于扩张的许多企业采用，不少企业因此陷入多元化陷阱而不能自拔。事实上，多元化是一柄双刃剑：运用得当，可以使企业得到快速发展，这是因为多元化可以在某些条件下分散经营风险、充分利用企业资源、降低外部交易成本；运用不好，会导致企业资源分散、精力分散、战线拉长以及财务风险加大。迅速成长的企业还会引起竞争对手的注意，竞争对手通过设置进入障碍、低价倾销、垄断中间商等方式来限制、阻止成长期企业的进一步发展，从而使竞争风险进一步加剧。

（三）成熟期的风险

成熟期的企业主要是暗指企业规模上达到了顶点、盈利能力上达到了拐点，并不说明该企业在竞争力上的成熟。成熟期的风险在一定程度上来源于成长期上攻动能的后续效应，即：企业在成长期的扩张冲动，使得企业规模不断扩大，进而导致组织膨胀。企业在成熟期的风险主要来自于内部，主要体现为"大企业病"，即企业规模大的各种弊端，包括机构膨胀、部门间矛盾、高管冲突、活力缺失、环境适应能力减弱等。

（四）衰退期的风险

衰退期的企业，有时与其主业所在行业的衰落是有关联的，即企业当时以某一盈利性较好的行业起家，并以该行业为主业，在该行业建立起了一定的地位。随着时间的推移，该行业成为夕阳产业，该企业也就随之进入衰退期。但大多数情形还是与其内部因素有关，主要是：

①"企业老化"，包括硬件的老化（如生产设备和技术装备的老化等）和软件的老化（经营理念老化、管理模式老化、人力资源老化、技术老化等）；

②"免疫力下降"，即由于自身的脆弱性，对外部风险的抵抗能力日趋低下；

③"疾病增多"，企业内部的各种隐患开始发作，如业务流程不畅通、员工惰性加大、"营养"缺乏、领导人"闭目塞听"、突发事件增多、腐败现象加剧等；

④"广适应能力"减弱，企业不能适应外部环境的变化、缺乏创新能力，导致回天乏力。

四、企业生命周期风险的防范

防范企业在其生命周期各阶段的风险：第一，要提高企业对风险的免疫能力，而这又与企业的整体素质有关。企业应通过组织系统的完善、决策机制的科学化以及"内功"的磨炼来提高整体素质与抗风险能力。第二，应建立学习型组织，不断根据环境的变化更新知识、完善决策机制。第三，当企业进入成熟期或衰退期初期时，应进行组织再造，改变企业生命周期的轨迹，以延长企业生命周期以及使企业在更高层次的轨道上运行。第四，采取风险分散、风险分摊、风险转移、风险控制等措施来防范企业生命周期各阶段的风险，同时，可建立企业生存风险预警预控系统对企业生命周期各阶段的风险进行实时监测、警报与预控。为此，应该全面了解企业在新生期、成长期、成熟期、衰退期的特征，并采取相应的策略。事实上，企业从新生、成长、成熟到衰退，并没有一个严格的时间界定，就像一个人可以少年老成也可以童心未泯一样。企业生命周期某种程度上是可逆的，并且生命周期的各个阶段都是相互关联、相互衔接的，实现企业再生的必要条件是企业存在永不衰竭的动力也就是动态核心竞争力。企业的核心竞争力同样具有生命周期，它伴随着企业的生命力而存在，从某种意义上说企业的生命力体现为企业的核心竞争力。企业要想永葆青春、永续发展，则在其生命周期各阶段都必须有相应的防范措施。

企业生命周期不同阶段的风险防范如下：

（一）新生期的风险防范

人的身体禀赋或身体素质与人体的寿命有着密切的关系。禀赋高的人精充气裕、神明体健，适应能力与抗病能力强，寿命一般比较长，生活质量也比较高。反之，禀赋低则精亏气虚、神衰体弱，适应能力及抗病能力差，寿命一般比较短，生活质量也比较差。另外，新生期婴儿的培育也会对其今后的一生造成深远的影响。新生的企业如同新生期的婴儿一样，同样需要优生优育。

对于企业而言，"护胎"就是企业在创立之初，就应该对其市场进行明确定位，产权要明晰，对于产品的品种、企业的类型等进行详细的构思和探讨。"营养补充"表明母体和婴儿在新生期间都需要营养成分的适当补充，以弥补先天的不足。同样，企业在新生期的资源也是有限的。由于自身条件的限制，企业难以发行债券或以取得银行贷款的方式筹集资金，因此企业应该谋求风险投资的介入。另外，企业在新生期的业务环节也不适宜面面俱到，因此企业应该将有限的"营养"补充在核心业务和关键环节上。"检测"在于通过市场对企业在孕育中的深层病症进行诊断，对企业急功近利的短浅意识和短期行为，及盲目跟风、求大求全的做法等及早发现并诊治，一旦发现有"畸形"迹象，可适当地采取"流产"措施。当企业经过良好的"孵化"和"孕育"之后，就可以正常"诞生"了。新生期的企业具有良好的可塑性，特别需要有人诱导和指点。这时企业领导人的市场意识、战略取向、社会网络的构建能力等对于新生期的企业都将具有"言传身教"的作用。如果满足这些必要条件，企业就可顺利进入爱迪思模型意义下的"学步期"。

（二）成长期的风险防范

当企业进入成长期之后，企业的技术、产品、管理、营销等都将逐渐趋于成熟化、规范化，此时企业在巩固已有业绩的同时，也需要开始寻找新的利润增长点和市场突破口，否则企业的鼎盛期只能是昙花一现。免疫系统不仅仅能保证器官正常功能的发挥，而且能促进器官的强化发育来弥补先天禀赋的不足。如同人体的各个器官在生长过程中，需要通过饮食卫生、运动锻炼以及起居养生来增强人体的免疫功能，企业同样需要增强自身的免疫功能。

（三）成熟期的风险防范

当人进入成熟期之后，器官基本上停止了生长，但人的知识面、阅历、经验等都表现得非常活跃，人到中年正是人一生中最鼎盛的时期。如同生命在于运动，人们需要靠不断地运动来锻炼身体，从而达到保健的目的。进入成熟期的企业同样要靠企业自身的物流、资金流、信息流的迅速流动来创造更多的价值，积累更多的资本，从而具备企业在成熟期的保健功能。在人体内，肾脏与脾胃起着重要的作用。肾主藏精，脾胃为仓廪之官，一运一纳，化生精气，是气血生化之源，而心、肺、肝功能的健全也同样不容忽视。对于企业而言，物流、资金流、信息流作为企业的重要资源，好比是人体的各个器官。物流、资金流和信息流的不断正向反馈循环，可以为企业源源不断地创造出价值流，从而保证企业机体的灵活性。

企业首先要疏通"三流"，因为物流、信息流和资金流都是企业价值流的重要来源和保障。人体的肾、脾胃、心、肝、肺会相互影响，同样企业的"三流"也需要协调统一，不断地速动和互动，从而尽可能地降低生产经营成本、提高市场反应速度、创造更多的价值。例如，从1999年开始，海尔集团花了两年半的时间对企业内部的业务流程进行了再造，成立了物流、商流、资金流和海外推进本部，以订单信息流为中心提高企业的市场响应速度，快速获取订单并满足订单，通过有效的"三流互动"和"三流速动"，实现了"三个零"的目标（即零库存、零距离和零营运资本），为企业带来巨大的效益，提高了海尔的国际竞争力。其次需要对企业进行包括理念创新、技术创新、管理创新在内的全面创新，来达到造血、输血的目的。同时，要注意通过建设企业文化来抵御行业"冬天"的冲击。

（四）衰退期的风险防范

在人体的衰老过程中，机体的形态、组织器官的生理功能、组织器官之间的协调机制以及机体对环境的适应能力等都出现退行性变化。企业在进入衰退期时，也会表现出机构臃肿、效率低下、反应迟钝、产品滞销等症状。人体的衰老有两种情况，一种是生理性衰老，另一种是病理性衰老，企业的衰老与此类似。企业的"生理性"衰老伴随着产业生命周期进入衰退期出现，当产业盛极而衰，从朝阳产业变为夕阳产业时，企业的衰败、没落具有原发性、障碍性、进行性和普遍性；企业的"病理性"衰老伴随着某一病理出现，如大企业病、帕金森现象、管理失误等，不具备原发性及普遍性。

第二章 企业风险管理架构

第一节 企业风险管理的组织体系

一、独立董事

（一）独立董事概述

所谓独立董事，是指独立于公司股东且不在公司中内部任职，并与公司或公司经营管理者没有重要的业务联系或专业联系，对公司事务做出独立判断，监督公司内部董事或执行董事的外部董事和非执行董事。独立董事对上市公司及全体股东负有诚信与勤勉义务。中国证监会在《关于在上市公司建立独立董事制度的指导意见》（以下简称《指导意见》）中认为，上市公司的独立董事是指不在上市公司担任除董事外的其他职务，并与其所受聘的上市公司及其主要股东不存在可能妨碍其进行独立客观判断关系的董事。

他的地位是完全独立的，不能存在影响其客观、独立地作出判断关系的，而保证他在公司发展战略、运作、经营标准以及其他重大问题上做出自己独立的判断。他既不代表主要出资人尤其是大股东，也不代表公司管理层。

独立董事的职责是，独立董事对上市公司及全体股东负有诚信与勤勉义务，独立董事应当按照相关法律法规、《指导意见》和公司章程的要求，认真履行职责，维护公司整体利益，尤其要关注中小股东的合法权益不受损害。独立董事应当独立履行职责，不受上市公司主要股东、实际控制人或者其他与上市公司存在利害关系的单位或个人的影响。独立董事原则上最多在5家上市公司兼任独立董事，并确保有足够的时间和精力有效地履行独立董事的职责。

（二）独立董事在董事会中的法律特征

国资委《中央企业全面风险管理指引》中要求中央企业，其他国有独资公司和国有控股公司应建立外部董事、独立董事制度，外部董事、独立董事人数应超过董事会全部成员的半数，以保证董事会能够在重大决策、重大风险管理等方面做出独立于经理层的判断和选择

1. 独立性

一是法律地位的独立。独立董事是由股东大会选举产生，不是由大股东推荐或委派，也不是公司雇佣的经营管理人员，他作为全体股东合法权益的代表，独立享有对董事会决议的表决权和监督权；二是意愿表示独立。独立董事因其不拥有公司股份，不代表任何个别大股东的利益，不受公司经理层的约束和干涉，同时也和公司没有任何关联业务和物质利益关系。因此，决定了他能以公司整体利益为重，对董事会的决策做出独立的意愿表示。

2. 客观性

独立董事拥有与股份公司经营业务相关的经济、财务、工程、法律等专业知识，勤勉敬业的职业道德，一定的经营管理经验和资历，以其专家型的知识层面影响和提高了董事会决策的客观性。

3. 公正性

与其他董事相比而言，独立董事能够在一定程度上排除股份公司所有人和经理人的"权"、"益"干扰，代表全体股东的呼声，公正履行董事职责。

独立性是独立董事的基本法律特征，客观性和公正性都产生于独立性的基础之上，而客观性和公正性则又保证了独立董事在股份公司董事会中依法履行董事职务的独立性。

（三）独立董事制度在企业风险管理方面的作用

1. 提高了董事会对股份公司的决策职能

通过修改《公司法》和《证券法》，制定独立董事制度，明确独立董事的任职条件、独立董事的职责、独立董事在董事会成员中的比例以及对股份公司应承担的法律责任等条款，保障了独立董事依法履行董事职责。独立董事以其具有的专业技术水平、经营管理经验和良好的职业道德，受到广大股东的信任，被股东大会选举履行董事职责，提高了董事会的决策职能。

独立董事制度的确立，改变了股份公司董事会成员的利益结构，弥补了国有资产管理部门、投资机构推荐或委派董事的缺陷和不足。我国《公司法》虽然在"股份有限公司的设立和组织机构"一章第九十二条和第一百零三条中，分别授予创立大会和股东大会"选举董事会成员"的职权，但由于没有具体规定董事的专业资格条件，而在实践中一般参照第六十八条国有独资公司董事"由国家授权投资机构或者国家授权的部门按照董事会的任期委派或更换"的规定，由股份有限公司发起人等公司大股东按出资比例推荐或委派，导致了股东资本的多少直接决定了董事的任免，大股东通过股东大会决议操纵或左右董事会就不可避免，董事成为大股东在公司和董事会利益的代言人也就顺理成章，公司股东会对董事的选举实际上成为大股东按出资比例对董事的委派。独立董事制度改变了董事会内部的利益比例结构，使董事会决策职能被大股东控制的现象得以被有效制衡。

独立董事制度的确立，改变了股份公司董事会成员的知识结构。《公司法》在董事会组织结构中，对董事会组织的人数，选举产生的程序、方法和一般资格条件作了规定，但对董事应当具备的专业资格条件却没有明确。《创业版股票上市规则》不但明确规定了独立董事应当具备的条件，而且还规定了不得担任独立董事的禁止性条款，对独立董事的任职条件从选举程序、专业知识、工作经历、执业登录和身体条件等方面都进行了规范，从而保证了独立董事参加董事会议事决策的综合素质，弥补了董事会成员专业知识结构不平衡的缺陷，提高了董事会决策的科学性。

同时，通过法律赋予独立董事独立职权，也从董事的善管义务、忠实义务方面要求和督促其从维护全体股东的合法权益出发，客观评价股份公司的经营活动，尤其是敢于发表自己的不同意见，防止公司经营管理层操纵或隐瞒董事会的违法、违纪行为，为董事会提供有利于股份公司全面健康发展的客观、公正的决策依据。

2. 增强了董事会对股份公司经营管理的监督职能

从 1984 年我国开展股份制改造试点工作以来，我国上海、深圳两市上市公司已逾千家，股票总市值超过 4 万亿元，约占国内生产总值的 50%。我国先后制定颁布了以《公司法》、《证券法》为体系的证券法律、法规和制度 300 多部，对于建立现代企业制度，保障社会主义市场经济的发展起到了积极作用。但是，我们也应该看到，由于我国还处在市场经济发展的初期，公司法律制度尚未完全建立健全，法人治理机制还没有完全摆脱"人治"的影响。其中最突出的表现之一就是相当一部分由上级行政主管部门或投资机构推荐委派担任股份公司的董事，往往成为大股东在公司董事会中的代言人，只代表其出资方的利益，没有体现股份公司"股东利益最大化"的基本特征。如震动证券市场的"郑州百文"现象，关键问题之一就是由于股份公司董事会制度不完善，缺少超脱于公司利益之外的独立董事，使公司经营者集决策、经营大权于一身，股东会、董事会和监事会有名无实，形同虚设，成为企业管理层的"橡皮图章"，失去了对股份公司经营管理的有效监督，从而导致了企业经营的严重亏损，损害了广大投资者的合法权益。

3. 有利于股份有限公司两权分离，完善法人治理机制

股份公司实现所有权与经营权的分离，所有权与决策权分离的关键就是如何在建立和完善适应两者之间相互制衡的法律制度的基础上，保护股份公司的整体利益。同时，这也是现代公司制度的精髓所在，是股份制公司推动社会主义市场经济发展和科学进步的组织保证。

独立董事制度改变了由政府任命、主管机关推荐或委派董事的董事会组成方式，独立董事不是公司的股东，不具有股份公司的所有权，但依照法律规定享有代表全体股东行使对公司经营管理的决策权和监督权。从法律制度、组织机构两个方面保证了股份公司所有权与经营权的分离，一是在公司法人治理结构中，由于独立董事参与董事会决策，对董事会始终处于股份公司枢纽地位，对公司生存和发展起到了更好的监督作用，避免董事会更多地陷入公司的具体事务性工作提供了保证；二是在股份公司法人治理结构中，设立独立董事制度对于完善董事会内部的组织结构，股东会、董事会和经营管理层三者之间的分工协调关系，提供了组织机构上的保障；公司法理认为，表决权是股份公司股权制度的核心，而股东权益的最终实现就体现在董事对公司经营决策权的表决权和监督权上，独立董事制度是防止股份公司"所有者缺位"和"内部人"控制的有效手段之一。

独立董事在董事会中的特殊作用不仅代表了市场经济竞争的公正和公

平性，同时也标志着现代公司法律制度的完善程度。因此，修改《公司法》，建立独立董事制度势在必行。

（四）独立董事的任职资格

除不得有《公司法》和《证券市场禁入规定》中有关不得担任公司董事、监事、高级管理人员的情形外，根据《关于在上市公司建立独立董事制度的指导意见》，独立董事还需要符合以下条件：

第一，独立董事应当具备与其行使职权相适应的任职条件，担任独立董事应当符合下列基本条件。

①根据法律、行政法规及其他有关规定，具备担任上市公司董事的资格，并取得深圳或者上海证券交易所颁发的独立董事任职资格证书；

②具有《关于在上市公司建立独立董事制度的指导意见》所要求的独立性，即独立董事必须在人格、经济利益、产生程序、行权等方面独立，不受控股股东和公司管理层的限制；

③具备上市公司运作的基本知识，熟悉相关法律、行政法规、规章及规则；

④具有五年以上法律、经济或者其他履行独立董事职责所必需的工作经验；

⑤公司章程规定的其他条件。

第二，独立董事必须具有独立性，下列人员不得担任独立董事。

①在上市公司或者其附属企业任职的人员及其直系亲属、主要社会关系（直系亲属是指配偶、父母、子女等；主要社会关系是指兄弟姐妹、岳父母、儿媳女婿、兄弟姐妹的配偶、配偶的兄弟姐妹等）；

②直接或间接持有上市公司已发行股份1%以上或者是上市公司前十名股东中的自然人股东及其直系亲属；

③在直接或间接持有上市公司已发行股份5%以上的股东单位或者在上市公司前五名股东单位任职的人员及其直系亲属；

④最近一年内曾经具有前三项所列举情形的人员；

⑤为上市公司或者其附属企业提供财务、法律、咨询等服务的人员；

⑥公司章程规定的其他人员；

⑦中国证监会认定的其他人员。

二、董事会

（一）董事会及其特征

董事会是由董事组成的，对内掌管公司事务、对外代表公司经营决策机构。公司设董事会，由股东会选举。董事会设董事长一人，副董事长一人，董事长、副董事长由董事会选举产生。董事任期三年，任期届满，可连选连任。董事在任期届满前，股东会不得无故解除其职务。

董事会是依照有关法律、行政法规和政策规定，按公司或企业章程设立并由全体董事组成的业务执行机关。具有如下特征：

董事会是股东会或企业职工股东大会这一权力机关的业务执行机关，负责公司或企业和业务经营活动的指挥与管理，对公司股东会或企业股东大会负责并报告工作。股东会或职工股东大会所作的决定公司或企业重大事项的决定，董事会必须执行。

我国法律分别对有限责任公司和股份有限公司的董事人数做出了规定。《公司法》第四十五条规定，有限责任公司设董事会，其成员为 3 ~ 13 人。《公司法》第五十一条规定，有限责任公司，股东人数较少或规模较小的，可以设一名执行董事，不设董事会。《公司法》第一百零九条规定，股份有限公司应一律设立董事会，其成员为 5 ~ 19 人。

（二）董事会的职责

股份公司的权力机构，企业的法定代表又称管理委员会、执行委员会，由两个以上的董事组成。除法律和章程规定应由股东大会行使的权力之外，其他事项均可由董事会决定。公司董事会是公司的经营决策机构，董事会向股东会负责。

董事会的义务主要是：制作和保存董事会的议事录，备置公司章程和各种簿册，及时向股东大会报告资本的盈亏情况和在公司资不抵债时向有关机关申请破产等。

股份公司成立以后，董事会就作为一个稳定的机构而产生。董事会的成员可以按章程规定随时任免，但董事会本身不能撤销，也不能停止活动。董事会是公司最重要的决策和管理机构，公司的事务和业务均在董事会的领导下，由董事会选出的董事长、常务董事具体执行。

董事会对股东会负责，行使下列职权：

①负责召集股东会并向股东会报告工作；

②执行股东会决议；

③决定公司的生产经营计划和投资方案；

④制订公司的年度财务预算方案、决算方案；

⑤制订公司利润分配方案和弥补亏损方案；

⑥制订公司增加或减少注册资本以及发行公司债券方案；

⑦制订公司合并、分立、解散或者变更公司形式的方案；

⑧决定公司内部管理机构的设置；

⑨决定聘任或解聘公司经理及其报酬事项，并根据经理的提名决定聘任或者解聘公司副经理、财务负责人及其报酬事项；

⑩制定公司的基本管理制度；

⑪ 公司章程规定的其他职权。

（三）董事会的类型

董事一般分为执行董事（常务董事）和非执行董事。一般来说，执行董事是那些全职负责公司管理的人。而非执行董事是那些从外部引入的有丰富经验的专家，他们给予公司决策更加客观的视觉。很多在 2000 年左右重组的公司，都刻意增加非执行董事的人数和职权，因为人们普遍相信一个更加客观的视角能限制公司结构臃肿和盲目自大，也能减少公司丑闻的发生。这种观点并不新鲜，和英国的 Cadbury 委员会于 1992 年提出的建议很相似。

在实际情况中，执行董事普遍倾向于让更多熟悉公司业务的人进入董事会。

另外有些公司的工会影响力较大时，亦会借由与资方的团体协约或是公司章程内明定由工会委派一定数目的劳工董事（工会董事）进入董事会，以保障劳方的权益。

在一些国家，也把那些不是董事的实权人物称为影子董事。一个影子董事是指虽然不是董事，但是实际行使董事职权的人（很多是因为他们自以为已经获得了适当的授权），但是却不经合理途径去寻求控制公司。

全美董事联合会咨询委员会（NCAD）将公司治理的目标定义如下：公司治理要确保公司的长期战略目标和计划被确立，以及为实现这些目标而建立适当的管理结构（组织、系统、人员），同时要确保这些管理结构有效运作以保持公司的完整、声誉，以及对它的各个组成部分负责任。

NACD 的这个定义实际上是将公司的董事会看作治理结构的核心，是针对不同类型的董事会功能而言的。NACD 根据功能将董事会分成四种类型：

1. 底限董事会

仅仅为了满足法律上的程序要求而存在。

2. 形式董事会

仅具有象征性或名义上的作用，是比较典型的"橡皮图章"机构。

3. 监督董事会

检查计划、政策、战略的制定、执行情况，评价经理人员的业绩。

4. 决策董事会

参与公司战略目标、计划的制定，并在授权经理人员实施公司战略的时按照自身的偏好进行干预。

（四）董事会会议

1. 董事会会议议程

（1）会前第一项：会议筹备

①征集议案。

②确定会议议程。

a. 标题。

b. 会议时间。

c. 会议地点。

d. 主持人。

e. 审议内容。

③准备会议文件。

a. 总经理工作报告（本年度工作汇报／下年度经营计划）。

b. 本年度财务决算。

c. 下年度财务预算。

d. 准备的议题或报告。

（2）会前第二项：会议通知

①短信告知。

②文件通知。

③会前提示。

（3）会前第三项：会前检视

①修正会议议题。

②资料装袋发放。

③清点参会人数（签到表）。

④落实委托授权签字。

⑤关注会议签字事项。

（4）会中：审议及决议

①主持人。

②审议事项及表决。

③会议记录及签字。

④书面意见收集及签字。

⑤决议及签字。

a. 企业名称。

b. 开会时间。

c. 开会地点。

d. 参加人员。

e. 决议事项或内容：现经董事会一致同意，决定……即时生效。上述决议经下列董事签名做实。

f. 签名顺序：董事长—副董事长—董事。

⑥纪要及签字。

⑦发放征集议案表格。

（5）会后：开启新的循环

①补正资料。

②发文。

③报备及披露。

④归档。

2.会议流程注意要点

（1）关于董事会会议

公司法规定，董事会每年度至少召开两次会议。

（2）关于董事会会议流程

包括通知、文件准备、召开方式、表决方式、会议记录及其签署、董事会的授权规则等。

（3）关于董事会会议议案

相关拟决议事项应当先提交相应的专门委员会进行审议，由该专门委员会提出审议意见。专门委员会的审议意见不能代替董事会的表决意见（除董事会依法授权外）。

二分之一以上独立董事可向董事会提请召开临时股东大会。只有2名独立董事的，提请召开临时股东大会应经其一致同意。

本公司董事、监事、总经理等可提交议案；由董秘汇集分类整理后交董事长审阅；由董事长决定是否列入议程；对未列入议程的议案，董事长应以书面方式向提案人说明理由；提案应有明确议题和具体事项；提案以书面方式提交。

（4）关于董事会会议议程

在四种情形下董事长应召集临时董事会会议：董事长认为必要时；三分之一以上董事联名提议时；监事会提议时；总经理提议时。

董事会例会应当至少在会议召开十日前通知所有董事。应及时在会前提供足够的和准确的资料，包括会议议题的相关背景资料和有助于董事做出决策的相关信息和数据。监督管理机构可根据需要列席董事会相关议题的讨论与表决。董事会应当通知监事列席董事会会议。

（5）关于董事会会议通知

会议通知由董事长签发，由董秘负责通知各有关人员做好会议准备。正常会议应在召开日前六日通知到人，临时会议应在召开日前三日通知到人。

董事会会议由董事长召集，会议通知、议题和有关文件应于会议召开十日前以书面形式送达全体董事。

董事会会议通知包括以下内容：会议日期和地点；会议期限；事由及议题；发出通知的日期。

《公司法》第一百一十一条规定，董事会每年度至少召开两次会议，每次会议应当于会议召开十日前通知全体董事和监事董事会。召开临时会议，可以另定召集董事会的通知方式和通知时限。

（6）关于董事会参会人员

董事会会议应当由二分之一以上董事出席方可举行，董事对拟决议事项有重大利害关系的，该董事会会议应由二分之一以上无重大利害关系的董事出席方可举行。董事应当每年亲自出席三分之二以上的董事会会议。

（7）关于董事会委托授权签字

董事因故不能出席的，应当委托其他董事代为出席，委托书中应载明授权范围。未能亲自出席董事会会议而又未委托其他董事代为出席的董事，应对董事会决议承担相应的法律责任。

（8）关于董事会审议事项及表决

①董事会会议表决实行一人一票制。

②可采取通讯表决的四个条件：

a. 章程式或董事会议事规则规定可采取通讯表决方式，并对通讯表决的范围和程序做了具体规定；

b. 通讯表决事项应至少在表决前三日内送达全体董事，并应提供会议议题的相关背景资料和有助于董事做出决策的相关信息和数据；

c. 通讯表决应采取一事一表决的形式，不得要求董事对多个事项只做出一个表决；

d. 通讯表决应当确有必要，通讯表决提案应说明采取通讯表决的理由及其符合章程或董事会议事规则的规定。

③"特别重大事项"不应采取通讯表决方式。这些事项应由章程或董事会议事规则规定，至少应包括利润分配方案、风险资本分配方案、重大投资、重大资产处置、聘任或解聘高管层成员等。

④董事对董事会拟决议事项有重大利害关系的，应有明确的回避制度

规定，不得对该项决议行使表决权。

⑤ "特别重大事项"不应采取通讯表决方式，且应当由董事会三分之二以上董事通过。

董事会会议实行举手表决方式，通讯表决采取书面方式。涉及修改章程、利润分配、重大投资项目等重大事项必须由三分之二以上董事同意方可通过。董事会会议以举手或记名投票方式进行表决，每名董事有一票表决权。

《公司法》第一百一十二条规定，董事会会议应有过半数的董事出席方可举行。董事会做出决议，必须经全体董事的过半数通过。董事会决议的表决，实行一人一票。

（9）关于董事会会议记录及签字

董事会会议应有会议记录，董事会会议应当由董秘负责记录，董秘因故不能正常记录时，由董秘指定一名记录员负责记录。出席会议的董事、董秘和记录员都应在记录上签名。

董事会会议记录包括以下内容：会议召开的日期、地点和召集人姓名；出席董事的姓名以及受他人委托出席董事会的董事姓名；会议议程；董事发言要点；每一决议事项的表决方式和结果（应载明赞成、反对或弃权的票数）。出席会议的董事有权要求在记录上对其在会议上的发言做出说明性记载，董事对所议事项的意见和说明应当准确记载在会议记录上（作为追责和免责的依据）。

《公司法》第一百一十三条规定，董事会应当对会议所议事项的决定作成会议记录，出席会议的董事应当在会议记录上签名。

（10）关于董事会书面意见收集及签字

独立董事对商业银行决策发表的意见，应当在董事会会议记录中载明。

（11）关于董事会决议及签字

董事会做出决议，应当经全体董事过半数通过。董事会会议做出的批准关联交易的决议，应当由无重大利害关系的董事半数以上通过，对每个列入议程的议案都应以书面形式做出决定。决定的文字记载方式有两种：纪要和决议，需上报或需公告的作成决议，在一定范围内知道即可或仅需备案的作成纪要。

涉及修改章程、利润分配、重大投资项目等重大事项必须由三分之二以上董事同意方可通过。

（12）关于董事会报备及披露

公司应在每一会计年度结束四个月内向监管机构提交董事会尽职情况报告，至少包括董事会会议召开的次数、董事履职情况的评价报告、经董事签署的董事会会议的会议材料及议决事项。

董事会的决定、决议及会议记录等应当在会议结束后十日内报中国人民银行（监管部门）备案。

董秘负责在会后向监管部门上报会议纪要、决议等有关材料，办理在指定媒体上的信息披露事务。

（13）关于董事会材料归档

会议签到簿、授信委托书、记录、纪要、决议等文字材料由董秘负责保管。

三、风险管理委员会

风险管理的运行需要企业全体员工的认同和参与。因此，风险管理委员会应当在企业组织中处于一个较高的层次，并赋予适当的考核权力，才有利于其开展工作，减少阻力。通常风险管理委员会设置在董事会下，直接对董事会负责，委员会委员为公司的董事或高管。

（一）风险管理委员会的条件要求

风险管理委员会对建立和发展公司的风险管理体系负有整体责任，对其组成人员的素质要求比较高，具体包括以下内容。

1. 责任感

风险管理责任重大，在某种程度上同人体的健康一样，平时没有什么特别的体现，好像没有产生什么风险。但一旦出现问题，就有可能是致命的危险。风险管理人员的工作关乎企业命运，因而责任感是对任职人员素质的第一要求。

2. 懂得风险和风险管理

风险管理者要有敏锐的眼光和面向未来的观念，能够对即将发生的风险进行识别，并且能够恰当地衡量和分析风险，据此提出解决办法和控制措施。

3. 富有专长和工作经验

对企业商业模式和业务流程的了解是进行风险识别的基础。风险管理者应该具有丰富的工作经验，熟知企业的内外环境和工作流程。

4. 沟通能力

风险识别离不开企业工作人员的配合，而且风险管理措施也需要企业所有工作人员落实和执行。因此，风险识别的调查、风险措施的传达、风险理念的灌输、实施效果的考核等，都需要风险管理人员与各部门工作人员的沟通和交流来实现。良好的沟通能力在这一过程中不可或缺。

（二）风险管理委员会的职责

风险管理是一个系统工程，需由主体内的一个有机组织来实施并执行各自的职责，才能实现风险管理的目标。但是，对于风险管理的组织构成层级及范围没有统一的标准，同时，各个企业大小不等、规模不一，风险管理组织也会有较大的区别。但现代风险管理的理念是，在一个主体内，风险管理必须由最高层从战略上把控，而在基层组织，风险管理人人有责。风险管理由一个主体的董事会、管理当局和其他人员实施，应用于战略制定并贯穿于企业之中总的来说，风险管理委员会的职责主要有以下七个方面：

1. 识别并营造风险管理的内部环境

内部环境是风险管理的基础要素。COSO 在《企业风险管理——整合框架》一书中提出的风险管理八要素的第一个要素就是内部环境。内部环境包括风险管理哲学、风险偏好、风险文化、组织结构、职业操守、价值观、管理哲学、经营风格、人力资源等方面。风险管理委员会应识别、分析企业的内部环境，并致力于内部环境的营造，塑造有利于风险管理的环境氛围。

2. 引导企业文化建设，加强风险理念

风险管理过程包含许多与企业各职能部门的沟通和互动，包括前期的信息收集、中期的措施实施以及后期的评价考核等。一个有效的风险管理体系离不开公司内部纵向和横向的沟通，甚至需要与公司外部关系人进行沟通。风险管理的每个环节，都深受企业文化的影响。不言而喻，开放、合作的企业氛围与办公室政治的企业氛围相比较，前者风险管理的开展条件就比后者有巨大的优势。

企业员工对风险的重视程度直接影响风险管理的实施及效果。毕竟风险管理不只是风险委员会的工作，而是全部职能部门和员工都在参与的管理活动。要通过对企业文化建设的引导，使员工真正理解风险管理的重要性，明确风险管理的目标。最终使"管理风险是每个人的工作"这一理念被公司大多数员工所认同。

因此，塑造良好的公司文化氛围，在公司文化中植入风险理念，可以为风险管理的开展打下坚实的基础。协助企业文化的建立，并加入风险导向，这也是风险管理委员会的职责所在。

3. 建立风险管理制度，制定并明确风险负责人的职责

风险管理不应仅仅是风险管理委员会的职责，而应是企业每一个员工的工作。风险管理涉及企业的方方面面：资金和资产保全部门、高级管理层、运营人员、法律顾问、内部审计部门等。因此，在风险管理过程中，各部门的协同合作尤为重要。风险管理委员会要通过制度建设，促成这种沟通和协作，最终使其变为企业文化的一部分。

此外，要制定并明确每个风险管理参与人员的职责，通过责任制和考核体系来调动员工参与风险管理的积极性，降低推行的阻力。

4. 合理分配风险管理资源，为风险管理过程提供保障

根据风险管理的实施活动，合理分配企业资源，确保风险管理的资金和人员到位。同时，要合理规划时间安排，将时间进度与工作强度和难度匹配，避免出现为了短时间赶工期而不得不牺牲工作质量的情况。

5. 制定风险管理措施

这项职责主要针对风险管理的实施，将风险控制在可接受的水平之内，建立风险管理流程，将风险管理活动整合到企业的经营业务流程之中。

风险管理的流程和活动应该与企业的经营业务活动形成有机的整体，而不是作为日常工作的附属流程，特别是风险应对中的内部控制措施，更是公司业务流程中不可或缺的一部分，用来控制运营风险的产生。

6. 监督风险管理的具体实施，并进行考核和评价，形成透明有效的监督机制和信息反馈机制

企业应该认识到，风险管理的过程本身就存在不确定性，也就是说存

在风险，对这部分风险的控制就要靠对风险管理的监督来完成，监督的目的是为了确保风险管理过程高质量地完成，防止偏差的发生。在风险管理的各个阶段中都容易出现偏差。例如，在风险识别阶段，可能出现与职能部门的沟通不足、风险因素的识别不全面；风险识别人员经验不足，对风险管理不熟悉；会前准备不充分，致使会议效果打折；会议组织不力，部分参会人员无法出席等。

通过对风险管理的监督，并对其实施过程进行考核和评价，是保证风险管理落到实处、真正为企业创造价值的手段。此外，还要建立信息反馈机制，形成风险管理报告，建立信息系统和数据库，使管理层能够及时了解风险管理实施的过程和效果，并据此进行评估和改进。

7. 定义一致的风险语言，并在公司内推广使用

风险管理的运行过程，实质上是对公司的策略、流程、人力资源、知识、技术等的重组和整合。在此过程中，涉及方方面面的沟通和协作，每个人对事物的理解和认识是不同的，并且各个职能部门的员工在考虑风险的含义时，自然会从本部门的知识和经验出发来理解。这样沟通不畅、交流错误就有可能发生。交流错误带来的损失有可能是企业所不能承受的，而且也本不应该承受。因此，需要一种通用的、一致的风险语言来支持沟通，保证交流的准确通畅，促进交流和决策风险语言的统一，为风险管理提供交流和沟通的平台，是风险管理过程中的基础要素。

对风险语言的统一工作，第一步就是风险管理委员会对风险管理过程中所涉及的术语、关键词等进行定义和统一，明确各种要素的范围及所指，避免理解差异。然后，在对员工进行风险管理教育和培训的过程中，将风险语言的教育融入其中，使员工理解并使用统一的风险语言。

四、总经理与首席风险官

（一）总经理

总经理在传统意义上是一个公司的最高领导人或该公司的创始人。但实际上，总经理所在的层级，还是会因公司的规模而有所不同。例如在一般的中小企业，总经理通常就是整个组织里职务最高的管理者与负责人。若是在规模较大的组织里（如跨国企业），总经理所扮演的角色，通常是旗下某

个事业体或分支机构的最高负责人。总经理位置有多高，要研究其组织架构图，有不少企业其内部有不少于一个总经理。

股份公司的总经理是董事会聘任的，对董事会负责，在董事会的授权下，执行董事会的战略决策，实现董事会制定的企业经营目标并通过组建必要的职能部门，组聘管理人员，形成一个以总经理为中心的组织、管理、领导体系，实施对公司的有效管理。

1. 总经理的工作职责

总经理的主要职责是负责公司日常业务的经营管理，经董事会授权，对外签订合同和处理业务；组织经营管理班子，提出任免副总经理、总经济师、总工程师及部门经理等高级职员的人选，并报董事会批准；定期向董事会报告业务情况，向董事会提交年度报告及各种报表、计划、方案，包括经营计划、利润分配方案、弥补亏损方案等。其具体工作职责如下：

①总经理应向公司董事会负责，全面组织实施董事会的有关决议和规定，全面完成董事会下达的各项指标，并将实施情况向董事会汇报；

②负责宣传、贯彻、执行国家和行业的有关法律、法规、方针、政策；

③根据董事会的要求确定公司的经营方针，建立公司的经营管理体系并组织实施和改进，为经营管理体系运行提供足够的资源；

④主持公司的日常各项经营管理工作，组织实施公司年度经营计划和投资方案；

⑤负责召集和主持公司总经理办公会议，协调、检查和督促各部门的工作；

⑥根据市场变化，不断调整公司的经营方向，使公司持续健康发展；

⑦负责倡导公司的企业文化和经营理念，塑造企业形象；

⑧负责代表公司对外处理业务，开展公关活动；

⑨负责公司信息管理系统的建立及信息资源的配置；

⑩签署日常行政、业务文件，保证公司经营运作的合法性；

⑪负责公司人力资源的开发、管理和提高；

⑫负责公司安全工作；

⑬负责确定公司的年度财务预、决算方案，利润分配方案和弥补亏损

方案；

⑭ 负责公司组织结构的调整；

⑮ 负责组织完成董事会下达的其他临时性、阶段性工作和任务。

2. 总经理的工作权限

董事总经理他既是董事会成员之一的董事，又是负责经营的总经理；若仅仅只是总经理职位，至多只能列席董事会，无法参与表决。简而言之，总经理只是一个组织内的职位名称而已，总经理的权力有多大，要参考其雇佣合约条款及工作范围。其主要权限如下：

①有权拟订公司的年度财务预、决算方案，利润分配方案和弥补亏损方案；

②对上报董事会的财务决算报告和盈利预测报告有审批权；

③有对公司年度总的质量、生产、经营、方针目标的审批权；

④有权决定公司内部组织结构的设置，并对基本管理制度的制定有审批权；

⑤有权批准建立、改进公司经营管理体系；

⑥有权向董事会提请聘任或者解聘公司副总经理、总经济师、总会计师及其他高级管理人员；

⑦有权聘任或解聘由董事会任免以外的公司管理人员；

⑧有对公司人力资源管理的审批权；

⑨有对公司职能部门各种费用支出和各分厂、分公司固定资产购置的审批权；

⑩有对公司重大技术改造和项目投资的建议权。

（二）首席风险官

首席风险官（Chief Risk Officer，简称 CRO）。CEO 所代表的职位许多人已经耳熟能详，在发达国家 CRO 已与 CEO 一样有名，但在我国却鲜为人知。十几年来，这个职位随着企业风险管理意识的加强，已逐渐变得热门。目前 80% 以上的世界性金融机构已设定了 CRO 工作职位，在美国，首席风险官年薪一般在 30 万美元以上，有些甚至已逾百万美元。

首席风险官的主要职责是：负责拟定集团风险管理战略、规划，提出风险管理的政策和程序；监督风险管理政策和程序的实施，建立风险管理评价标准和组织；组织落实风险管理与内控体系建设的相关措施，组织对风险总监的考核和风险管理队伍建设；评估集团外部环境以及企业宏观的风险；就企业环境、战略、运营过程中所存在的风险提出建议，并定期向董事会报告，有的企业把 CRO 和公司的内部审计合在一起，有的则是两者分开的。

在中国企业中，专门的风险管理部门和职位的缺失是目前的普遍现象。在国有大中型企业中，近几年在国家有关部门的积极推动下，情况有所好转，不少企业已建立起风险管理组织体系，并任命了首席风险官，金融业是先行者。在银行业和中央投资公司中，像工行、建行、中行、交行、中投等都设立有 CRO 一职；在保险业，2006 年 11 月 7 日中国保监会发布《关于加强保险资金风险管理的意见》，要求保险资产管理公司要设置独立的风险管理部门，并引入首席风险管理执行官制度，要求设立首席风险管理执行官，定期向董事会报告有关情况，以及时防范和化解重大风险，发现重大风险隐患应及时向保险监管机构报告；在期货行业，2008 年 4 月证监会发布《期货公司首席风险官管理规定（试行）》，自 5 月 1 日起实施，首次对期货公司首席风险官的职责进行明确规定，并要求公司确保首席风险官拥有独立的报告渠道和充分的知情权，以保障其正常履职。

五、风险管理职能部门

企业风险管理组织体系，主要包括规范的公司法人治理结构，风险管理职能部门、内部审计部门和法律事务部门以及其他有关职能部门、业务单位的组织领导机构及其职责。下面介绍注册会计师公司战略与风险管理中关于风险管理职能部门的主要职责。

（一）风险管理职能部门的职责

①组织协调本部门的全面工作；

②负责研究修订风险识别、防范、化解和处置的措施意见、管理办法和操作规程，健全完善风险管理体系；

③负责审查项目，评价项目的可靠性、可行性，审核反风险措施，独立出具体项目审核意见，提交评委会；

④负责检查落实公司各项管理制度的执行情况，定期出具检查报告，

不断健全完善内控制度；

⑤负责组织落实客户的分级管理，进行业务的风险监控和预警；

⑥根据公司发展规划和业务开展情况，研究、开发业务品种，并主持制定业务操作规程；

⑦参与大额项目的调查、评估；

⑧负责对业务的指导、检查和分析，总结和推广各事业部业务经验；

⑨负责分析和研究公司的风险项目，吸取教训，定期组织案例分析会；

⑩制定业务营销方案并组织实施；

⑪绩效考核计算情况的复核；

⑫撰写并按时报送周、月、季经营分析报告和年度工作总结；

⑬不定期组织本部门的员工进行业务学习；

⑭严格遵守集团、公司的规章制度，服从集团、公司的统一安排和调度；

⑮保守集团、公司机密，做到廉洁勤业。

（二）风险管理职能部门的主要职责

企业应设立专职部门或确定相关职能部门履行全面风险管理的职责，该部门对总经理或其委托的高级管理人员负责，主要履行以下职责：

①研究提出全面的风险管理工作报告；

②研究提出跨职能部门的重大决策风险评估报告；

③研究提出跨职能部门的重大决策、重大风险、重大事件和重要业务流程的判断标准或判断机制；

④研究提出风险管理策略和跨职能部门的重大风险管理解决方案，并负责该方案的组织实施和对该风险的日常监控；

⑤负责组织协调全面风险管理的日常工作；

⑥负责组织建立风险管理信息系统；

⑦负责对全面风险管理有效性的评估，研究提出全面风险管理的改进方案；

⑧负责指导、监督有关职能部门、各业务单位以及全资、控股子企业，开展全面风险管理工作；

⑨办理风险管理的其他有关工作。

企业其他职能部门及各业务单位在全面风险管理工作中，应接受风险管理职能部门和内部审计部门的组织、协调、指导和监督。

六、审计委员会

审计委员会是指董事会里一个主要由非执行董事组成的专业委员会。审计委员会是指由发行证券公司的董事会发起并由董事会成员组成的委员会（或同等意义的团体），其目的是监督公司的会计、财务报告以及公司会计报表的审计。

审计委员会是董事会设立的专门工作机构，主要负责公司内、外部审计的沟通、监督和核查工作。审计委员会由三名董事组成，其中两名董事为本公司的独立非执行董事，另一名董事为执行董事。

（一）审计委员会的工作职责

审计委员会是由董事会所设的负责对内部会计控制、财务报表和公司其他财务事项实施监督的具有独立地位的部门。其主要工作职责包括以下六点：

①审核及监督外部审计机构是否独立客观及审计程序是否有效；

②就外部审计机构提供非审计服务，制定政策并执行；

③审核公司的财务信息及其披露；

④监督公司的内部审计制度及其实施；

⑤负责内部审计与外部审计之间的沟通；

⑥审查公司内部控制制度，对重大关联交易进行审计。

审计委员会的主要目标是督促提供有效的财务报告，并控制、识别与管理许多因素对公司财务状况带来的风险。公司面临的风险涉及竞争、环境、财务、法律、运营、监管、战略与技术等方面。审计委员会本身无法监管所有的这些风险，应该由各方（包括董事会其他委员会）共同合作。

审计委员会作为董事会的一个机构，主要使董事会、高层管理者与内、外部审计员关注有效的财务报告与风险管理（关键风险的识别和控制）的重要性。

（二）审计委员会的工作职能与制度

1. 总则

本制度适用于集团公司及集团公司投资之各关联公司。

集团公司成立审计委员会，实行内部审计监督制度。通过审计监督，严肃财经纪律，监督履行财务责任制，改善企业经营管理，提高企业经济效益。

集团公司审计委员会在集团公司总裁的直接领导下，对集团公司及集团公司投资之各关联公司的财务收支及其经济活动的真实性、合法性和效益性进行系统的审计监督，独立行使内部审计职权。

2. 审计工作任务

①监督、检查各经营管理部门和单位的日常财务活动是否贯彻执行国家有关各项法规、法令、政策以及集团公司内部制定的各项有关规章制度；

②监督、检查和评价公司财务内部控制制度的严密程度和执行情况；

③对经营计划、财务收支计划的执行情况进行监督，对年度财务、成本决策进行审计；

④对经营活动、会计核算程序和财务收支、财务处理的正确性、真实性、合法性进行审计监督；

⑤参与对公司各级高层管理人员的离、调职审计；

⑥对公司在册员工侵占公司财产、收受贿赂、营私舞弊、贪污盗窃、挪用公款等违纪违法行为，会同有关部门进行专案审计；

⑦参加本公司研究经营方针和改进经营管理工作的会议，参与研究重要规章、制度的制定；

⑧接受并承办集团公司领导交办的审计事宜。

3. 审计工作程序

①编制年度、季度审计工作计划，报执行总裁、总裁、董事长批准确定。

②审计前的准备工作：

a. 确定审计对象；

b. 确定审计方案，报执行总裁、总裁、董事长审批；

c. 下达"审计通知书"，由集团公司董事长签发；

d. 被审单位提供必要的工作条件。

③审计过程中，必须编写工作底稿，做好审计记录，收集审计证据。

④审计终结阶段，对审计事项和结果提出审计报告。报告应附有经过被调查人或有关单位签章的证明材料或其他证明材料。审计报告应征求被调查人或有关单位的书面意见。

⑤审计结果的最终形式以正式审计报告上报集团公司执行总裁、总裁、董事长，并抄送被审计单位（或个人）及集团公司有关管理部门。

⑥被审计单位（或个人）按审计结论和决定，针对问题及时作出处理，处理结果应上报集团公司执行总裁、总裁、董事长，同时抄送集团公司审计委员会及集团公司相关管理部门。

⑦如对结论和决定有异议，可在审计委员会出具正式审计报告后 15 日内向集团公司董事长申请复审，集团公司董事长的结论和决定为最终结论。复审期间，原审结论与决定照常执行。

4. 审计人员职权

①除非集团公司董事长特批，审计委员会开展审计工作不受任何人、任何单位的限制，被审单位（或个人）必须无条件地予以全力配合。

②审计期间，审计主要负责人有权参加被审单位的有关会议，对审查中发现的问题可以查询、召开听证会、索取证明材料。

③有权责成被审计单位（或个人）查处和纠正一切违反国家、公司财务收支有关规定的行为。

④有权建议对违反财经纪律的单位、有关责任人提出处罚意见，报请集团公司董事长审议。

⑤对拖延、推诿、阻挠、拒绝和破坏审计工作的，提请集团公司董事长批准，有权采取封存账册、冻结资产，对有关人员实行停职处理等临时措施。

⑥集团公司范围内部各部门各单位有关经济事务方面的各种报告、合同制度和文件等，须抄送集团公司审计委员会。

（三）组织意义

1. 作用

公司内部审计机构统属董事会审计委员会，独立于管理当局，这种模式使得内部审计具有较强的独立性和权威性。审计委员会在职能上对内部审计进行监督，通过对内部审计的组织章程、预算与人事、工作计划、审计结果等进行复核，提高了内部审计部门的独立性，使其工作范围不受管理当局的限制，并确保其审计结果受到足够的重视，从而切实发挥内部审计职能。

审计委员会负责全部的外部审计事务，这样，注册会计师在审计过程中发现了重大问题可以直接与审计委员会沟通，有利于重大事项的及时解决和保证注册会计师的独立性。当注册会计师的审计意见与管理当局的意见不一致或发生冲突，其独立性受到威胁时，与审计委员会沟通并寻求保护，可以有效发挥注册会计师的独立鉴证作用。

审计委员会负责对内外部审计部门的沟通，整合内外部审计的审计资源，可以独立、公正、有效地评价公司内部控制的有效性及财务报告的可靠性并向董事会与股东大会报告。

2. 益处

审计委员会是董事会中的一个委员会，它的建立是为了给董事会使用的财务信息和公司发布的财务报表增加质量和可靠性方面的保证

如果审计委员会运行有效，它能够带来巨大的效益。实际上，坎特伯雷委员会认为审计委员会有以下八个方面的潜能：

①代表董事会审核财务报表，以此提高财务报告的质量；

②创造一个减少欺诈机会的纪律和控制氛围；

③使非执行董事能够贡献独立的判断，并在企业经营控制中扮演积极的角色；

④帮助财务董事，给财务董事提供一个可以提出他们关心的问题的机会；

⑤通过提供沟通的渠道和讨论关心问题的论坛从而加强外部审计人员的地位；

⑥当外部审计人员与公司管理人员发生争执时，为外部审计人员提供

一个保持独立性的体制；

⑦通过向内部审计人员提供独立于管理人员的较大的独立性，提高了内部审计职能的地位；

⑧增强了公众对财务报表可靠性和客观性的信心。

七、其他职能部门及业务单元

企业其他职能部门及各业务单元在风险管理工作中，应受风险职能部门和内部审计部门的组织、协调、指导和监督，在《中央企业全面风险管理指引》中指出其主要履行以下职责：

①执行风险管理基本流程；

②研究出本职能部门或业务单位重大决策、重大风险、重要事件和重要业务流程的判断标准和判断机制；

③研究出本职能部门或业务单位重大决策、风险评估报告；

④做好本职能部门或业务单位建立风险管理信息系统的工作；

⑤做好培育风险管理文化的有关工作；

⑥建立健全本职能部门或业务单位的风险管理内部控制子系统；

⑦办理风险管理其他有关工作。

企业应通过法定程序，指导和监督其全资、控股子企业建立与企业相适应或符合全资、控股子企业本身特点、能有效地发挥作用的风险管理组织体系。

第二节 企业风险管理

一、企业风险管理概述

（一）企业风险管理的定义

风险管理属于企业管理功能的一部分，它是人类在不断追求安全与幸福的过程中，结合历史经验和近现代科技成就而发展起来的一门新兴管理学科。企业风险管理是指全面分析企业各个经营过程中的风险，通过对风险的识别和衡量，采用合理的经济手段和技术手段对风险进行处理，以最低的成本获得最大安全保障的一种管理活动。企业风险管理是一个过程，它由一个主体的董事会、管理当局和其他人员实施，应用于战略制订并贯穿于企业之中，旨在识别可能会影响主体的潜在事项，管理风险使其在该主体的风险容量之内，并为主体目标的实现提供合理保证。

企业风险管理是企业在实现未来战略目标的过程中，试图将各类不确定因素产生的结果控制在预期可接受范围内的方法和过程，以确保和促进组织整体利益的实现。企业风险管理是为了合理保障目标的实现，将企业整体风险控制在偏好之内，由企业风险管理组织和人员组织实施，全体人员参与的对企业目标实现过程中的风险管理，本着从实际出发、务求实效、突出重点的原则，采用与风险管理策略相适应的组织技术或工具所进行的准备、实施、报告、监督和改进的动态连续不断的过程。

企业风险管理框架是由 Treadway 委员会所属的美国虚假财务报告全国委员会发起的组织委员会（COSO），在内部控制框架的基础上，于 2004 年 9 月提出的企业风险管理的整合概念。ERM 是一个由企业的董事会、管理层和其他员工共同参与的，应用于企业战略制定，用于识别可能对企业造成潜在影响的事项并在其风险偏好范围内管理风险，为企业目标的实现提供合理保证的过程。

（二）理解概念，需要注意以下四点

1. 企业风险管理的主体是企业全体员工

这里指的企业全体员工，不仅仅是指企业的管理者，还涵盖企业的普通员工，涵盖企业的所有职能部门。风险管理不仅仅是管理者的事情，也不仅仅是职能部门的事情，还需要全体员工共同参与。

2. 企业风险管理的对象是风险

历史上关于风险管理的对象有纯粹风险说和全部风险说两种观点，前者强调风险管理的对象是纯粹风险，后者强调企业风险管理应全面分析企业经营过程，以全部风险为管理对象，虽然企业的管理精力有限，企业不可能处理全部风险，但企业仍然要关注所有风险，对风险进行衡量后，重点选择风险发生几率高和风险损失大的风险。企业只有在评估了全部风险后，才能将可能的风险损失降到最低。

3. 企业风险管理的目标要清晰

企业风险管理的目标是以最小的成本换取最大的安全保障，进而确保企业经济活动的稳定、持续和发展，实现企业价值的最大化。因此，良好的风险管理能够增加企业成功的几率，降低失败的可能性。

4. 企业风险管理的要素

企业风险管理的要素包括内部环境、目标设定、事项识别、风险评估（衡量）、风险对策、控制活动、信息和沟通、监督等。

（三）企业风险管理的特点

将企业风险管理贯穿到企业管理的全过程。企业风险管理是决策层，特别是一把手必须亲自管理的一项重要的企业管理工作。健全的企业风险管理可以归结为以下六点：

1. 全面性

风险管理的目标不仅仅是使公司免遭损失，还包括能在风险中抓住发展机遇，其全面性可归纳为三个"确保"：

①确保企业风险管理目标与业务发展目标相一致；

②确保企业风险管理能够涵盖所有业务和所有环节中的风险；

③确保能够识别企业所面临的各类风险。

2. 一致性

风险管理有道亦有术。风险管理的"道"根植于企业的价值观与社会责任感。风险管理的"术"是具体的操作技术与方法。风险管理的"道"是"术"之纲，"术"是"道"的集中体现，二者高度一致。

3. 关联性

有效的风险管理系统是一个由不同的子系统组成的有机体系，如信息系统、沟通系统、决策系统、指挥系统、后勤保障系统、财务支持系统等。因而，企业风险管理的有效与否，除了取决于风险管理体系本身外，在很大程度上还取决于它所包含的各个子系统是否健全和有效。任何一个子系统的失灵都有可能导致整个风险管理体系的失效。

4. 集权性

集权的实质就是要在企业内部建立起职责清晰、权责明确的风险管理机构，因为清晰的职责划分是确保风险管理体系有效运作的前提。同时，企业应确保风险管理机构具有高度权威，并尽可能不受外部因素的干扰，以保持其客观性和公正性。

5.互通性

风险管理战略的有效性在很大程度上取决于其所获信息是否充分。而风险管理战略能否被正确执行则受制于企业内部是否有一个高效的信息沟通渠道。有效的信息沟通可以确保企业所有人员都能正确理解其工作职责与责任，从而使风险管理体系各环节正常运行。

6.创新性

风险管理既要充分借鉴成功的经验，又要根据风险的实际情况，尤其要借助新技术、新信息和新思维，进行大胆创新。

二、企业风险管理的目标

制定企业风险管理的目标对风险管理的效果十分显著。这些目标必须是清晰的，否则，在以后的实施过程中就会产生很大的分歧，并且这些不同的意见将会被带入审核自身当中。确定企业风险管理的目标是一项综合性的工作，需要从风险管理的各个环节、各个方面加以考虑，但总的来说可以分为两类：损前目标和损后目标。

（一）损前目标

1.经济性目标

企业风险管理必须要尽量减少不必要的费用支出和损失。在决定对风险采取措施以前，应综合衡量所花的成本以及由此而取得的收益或对企业的好处，即应对风险在经济上是可行的。

2.合理合法性目标

采取适当的方法去处理风险损失时要符合法律规定。如公司董事会在不通知股东的情况下，挪用公司的盈余公积金去应对风险损失，即使结果是好的，其过程也是不符合法律规定的。

3.降低潜在损失性目标

通过降低潜在损失，使企业在风险真正发生时减少损失程度，从而达到低成本的效果。

4.社会责任目标

社会责任目标既是损前目标又是损后目标。

损前的社会责任目标是指企业与员工、企业与其他利益相关者和整个社会的关系面临的各种社会义务。作为风险管理的手段，预防损失和控制损失，产生社会利益，这些手段使资产避免遭受破坏，避免了社会损失，社会可从中受益。而且，当一个公司破产时，公司的所有者和员工都会遭受损失。如果采取适当的风险管理策略来保护企业，使之免于灾难性的损失，就可以避免破产和由破产所导致的破坏。

（二）损后目标

1.生存目标

毫无疑问，无论企业的目标是什么，只有当企业继续生存时才有可能实现这些目标。如果企业不再存在，则任何目标都是无法实现的。由此可见，风险损失后的第一个目标就是生存目标，即企业在经济社会中作为一个经营实体继续存在。

2.持续经营目标

企业生存下来，怎样让它运转下去并实现既定目标就是接下来的问题。损失发生后，实施风险管理的第二个目标就是保证生产经营等活动迅速恢复正常，尽快使企业的各项经济指标达到损前的水平。对于企业风险管理来说，保证生产服务这一目标有时带有强制性或义务性，如连续不断地为公众设施提供服务就是一种义务。

3.稳定的盈利目标

股东更喜欢稳定的收益，而不是剧烈波动的收益。减少风险可能带来的收益变化，就能提升公司的总体绩效，而且其本身也是公司的目标。

在成本费用不增加的情况下，通过持续的生产经营活动，或通过提供资金以补偿由于生产经营中断而造成的收入损失，均能达到实现稳定收入这一目标。收入的稳定与生产经营的持续两者是不同的，它们是风险管理的不同目标。

4.发展目标

利润最大化并不总是企业的主要目标。对一个有强劲增长势头的企业来说，持续增长的能力是它最重要的目标之一。当成长成为组织的主要目标时，使其免于受增长的威胁便成了风险管理人员的一个重要目标。执行和实施风险管理计划和方案，及时、有效地处理各种损失，并根据不断可能出现的新情况拟定新的风险管理计划和方案，周而复始地执行计划，从而使企业实现持续、稳定的增长，这是风险管理应达到的最高层次目标。

5. 社会责任目标

履行企业的社会责任，如法律规定企业赔偿员工因工受伤的损失，并要求企业给员工上保险等。正如损前目标强调企业应承担社会责任一样，有效地处理风险事故所带来的损失，减少因损失所造成的种种不利影响，可以使企业更好地、充分地承担社会责任，履行应尽的义务，从而树立良好的公众形象。公司总体的风险水平，确保公司所承担的风险在可接受的范围之内。

三、企业风险管理的三道防线

（一）风险管理的第一道防线：业务单位防线

以相关职能部门和业务单位为第一道防线。企业建立第一道防线，就是要把业务单位的战略性风险、市场风险、财务风险、营运风险等进行系统化的分析、确认、管理和监控，企业的业务单位要做下列工作：了解企业战略目标及可能影响企业达标的风险，识别风险类别，对相关风险做出评估；决定转移、避免或降低风险的策略；设计、实施风险策略的相关内部控制。

（二）风险管理的第二道防线：风险职能管理部门防线

以风险管理部门和董事会风险管理委员会为第二道防线。风险管理部门的责任是领导和协助公司内部各单位在风险管理方面的工作，其职责有：建立规章制度，对业务单位的风险进行组合管理，度量风险和评估风险的界限，建立风险信息系统和预警系统，厘定关键风险指标，负责风险信息披露，沟通、协调员工培训和学习的工作，按风险与回报的分析，各业务单位分配经济资金。相对于业务单位部门而言，风险管理部门会克服狭隘的部门利益，能够从企业利益角度考察项目和活动风险。

（三）风险管理的第三道防线：内部审计防线

以内部审计部门和董事会审计委员会为第三道防线。内部审计是一个独立、客观的审查和咨询业务单位，监控企业内部和其他企业所关心的问题。

其目的在于改善企业的经营状况和增加企业价值，它通过系统的方法评价和改进企业的风险管理，控制和治理流程效益，帮助企业实现经营目标。

四、风险管理文化建设

组织风险管理机制的设立和有效实施有赖于组织文化的重大改变，风险管理文化使风险管理理念扎根于组织及其每一个员工的日常行为和经营活动中。

（一）获取组织最高领导层的支持

培养领导层去引导风险管理文化建设，帮助领导层执行领导职能。通过深化组织体制改革，建立以董事会风险控制委员会为核心，风险管理部门协调组织，各业务部门贯彻实施的"三维"立体网络。董事会应当与高级管理人员讨论主体企业风险管理的现状，并提供必要的监督董事会应当确信知悉最重大的风险，以及管理当局正在采取的行动和如何确保有效的企业风险管理。董事会应当考虑寻求内部审计师、外部审计师和其他方面的参与，首席执行官评估组织的企业风险管理能力，方法之一是，首席执行官把业务单元领导和关键职能机构人员召集到一起，讨论对企业风险管理能力和有效性的初步评价。不管采取什么方式，初步评估应该确定是否需要以及如何进行更广泛、更深入的评价。

（二）构建信息集

1. 沟通

有效的信息与沟通系统应具备以下特点：能够生成企业经营所需的，关于财务、运营及法规遵守的报告，帮助做出精明的商业决策，以及对外发布可靠的报告。信息与沟通系统能够使得雇员获得信息，且交流他们为实施、管理及控制运转情况所需的信息；能识别和传达相关信息，并且是以一种人员能够有效履行他们的职责的方式进行；使沟通在企业以全方位的方式进行。

2. 采用角色模型

PAEI 管理角色模型是指在一个成功管理团队中的四个关键角色：业绩创造者、行政管理者、企业家、整合者。PAEI 的潜在思想是：没有哪一个管理人员能够单独应对企业的所有挑战。面对日益复杂的世界和生存环境，任何一个企业都必须组织管理团队来应对。PAEI 模型并非要求所有的管理团队都要一一设置上述四个角色，在现实当中，管理团队可能超过或少于这四个角色。执行 P 角色关注的是短期目标，能带来短期效益；行政 A 角色关注的是短期控制，能带来短期效率；创新 E 角色关注的是长期目标，能带来长期效益；整合 I 角色关注的是长期控制，能带来长期效率。

（三）改变行为

帮助组织成员发现风险管理的重要价值；引导健康风险管理态度，提升风险管理水平，识别不同风险观，并协调运作；管理风险调节器，避免异常偏移；鼓励风险导向决策。

（四）创造机会，改变文化

1. 见机行事

一个组织文化或者理念的变革，除了要变革的条件成熟外，还要抓住适合变革的机遇。

2. 利用危机和失败

无论是企业内部还是外部的经验教训，都可以借鉴。

（五）支持和培育新文化

创造企业风险管理理念的氛围，使风险管理理念深入企业的每一个部门、每一个人，使风险管理意识深刻渗透组织；对潜在的风险进行积极有效的沟通，创造培育新文化的渠道；另外对员工进行有关风险管理的教育和培训，提高员工识别和应对风险的能力。

（六）测量风险管理文化的构建和维持水平

风险管理文化是指以企业文化为背景，贯穿以人为本的经营理念，在经营管理和风险管理活动过程中逐步形成，并为广大员工认同并自觉遵守的风险管理理念、风险价值观念和风险管理行为规范。风险管理文化是一种集现代企业经营思想、风险管理理念、风险管理行为、风险道德标准与风险管理环境等要素于一体的文化理念，是企业文化的重要组成部分。

根据企业文化和管理学的理论，作为企业文化重要子系统的风险管理文化应由理念、行为和物质文化三个层次组成，其中理念文化是核心，行为文化和物质文化是理念文化的保证和表现形式，三者有机结合，共同组成企业风险管理文化的全部内涵。通过三个层次的建设，形成理念科学、制度完善、"三位一体"的健康全面的风险管理文化。

一般而言，企业风险管理文化一旦形成，将会在很长一段时间内对企业及其各个层次的员工产生影响。但是，如果企业所处的外部环境发生了重大变化，或者主要的风险管理文化的倡导者发生了变更，已经构建的风险管理文化可能会相应地发生变化。另外，企业的风险管理文化是否能够在企业风险管理中持续地发挥作用，还有赖于全体员工能否共同遵循，并付诸实际行动。因此，在风险管理文化构建和实施之后，还需要采用一定的方法和手段测量风险管理文化的构建和维持水平

（七）争取组织全方位的支持

企业风险管理文化是一种软实力，对企业风险管理发挥的作用是隐形的，长期的，因此，企业风险管理文化的构建和维持必须获得企业全方位的支持。在企业风险管理文化的构建中，获得企业财力和物力上的支持固然很重要，但更重要的是必须获得企业管理层以及全体员工的认同，否则，即使按照相应的风险管理框架构建了企业风险管理文化，也难以真正发挥作用，因为风险管理文化包括理念、行为和物质三个层次，仅仅获得物质层次的支持，企业风险文化是难以发挥作用的。

要想获得企业全方位的支持，首先必须在理念上使包括管理层在内的所有员工认识到企业风险管理文化对于企业生存和发展的重要性，并以这种理念来指导他们的行为，只有当这种理念不断内化并对全体组织成员的行为产生影响，并获得企业在财力、物力上的支持，企业的风险管理文化才能被不断地丰富和完善，以适应企业生存和发展的需要。

（八）创建良好的企业风险管理文化

风险管理文化是企业文化的重要组成部分，是指以企业文化为背景，贯穿以人为本的经营理念，在风险管理活动中凝练并通过企业文化的精神层面、制度层面、行为层面和知识层面共同体现，为广大员工认同并自觉遵守的风险管理理念、风险价值观念和风险管理行为规范。

①企业风险管理迫切需要建立一套风险管理文化系统。企业的风险因素存在于各个业务环节之中，因此，在客观上，风险管理文化无时不有，无处不在，渗透于企业业务的方方面面，影响企业员工的精神和灵魂。企业只

有通过风险管理文化的建设，才能使企业风险管理文化的凝聚力、竞争力和综合抗风险能力得到增强，从而使企业在市场竞争中立于有利的地位。

②有效的风险管理体系建设必须以先进的风险管理文化培育为先导。风险管理文化决定企业经营管理过程的风险管理观念和行为方式，是企业内部控制体系中的"软因素"，在企业经营管理中占有十分重要的地位。

③搞好风险管理文化建设是企业治理之本、动力之源。

第三节 企业风险管理的作用

一、风险管理有助于企业做出合理的决策

（一）企业划定了行为边界，约束其扩张的冲动

企业作为市场的参与者必须在风险和收益之间做出理智的权衡，从而避免将社会资源投入到重大风险、缺乏实现可行性的项目中。风险管理对市场参加者的行为起着警示和约束作用。

（二）风险管理也有助于企业把握市场机遇

通常，市场风险大都是双向的，既存在可能的风险损失，也存在可能的风险收益，因此，市场上时刻都有大量风险的客观存在，同时也带来新的机遇。如果企业能够洞察市场供求状况及影响市场的各种因素，预见市场的变化趋势，采取有效、科学的措施控制和防范风险，同时果断决策、把握机遇，就有可能获得可观的收益。

二、风险管理可以降低企业效益的波动

风险管理的目标之一是降低公司收益和市值对外部变量的敏感性。例如，市场风险管理比较完善的公司，其股票价格就可以显示出较低的敏感性，不至于因为整体市场价格下跌，其股价市值造成大幅度的波动；手中持有外汇资产或负债的公司，如果在风险管理方面做得比较出色，就可以显示出其外汇资产的价值、收益或负债成本对市场汇率变动较低的敏感性，这些都是由实证得出的结论总之，受到利率、汇率、能源价格和其他市场变量的影响，公司通过风险管理能更好地管理收益波动。

三、风险管理可以提升股东价值

积极进行风险管理的公司大都认同风险管理和经营最优化可以增加20% ~ 30%或者更多的公司价值，这也是由实证得出的结论弗吉尼亚大学乔治·阿莱亚斯与詹姆斯·威斯通在1998年的一项研究支持了这一看法[①]。他们比较了从1990年到1995年或多或少积极从事市场风险管理的公司的市值与面值的比率，结果发现更积极地从事市场风险管理的公司得到了市值平均20%的回报，风险管理不仅使个别公司增值，而且通过降低资本费用和减少商业活动的不确定性来支持经济的全面增长。

四、风险管理有助于提高公司机构效率

大多数公司都拥有风险管理和公司监督职能部门，如财务风险、审计及合规部等此外，有的公司还有特别风险管理单位。例如，投资银行通常有市场风险管理单位，而能源公司则有商品风险管理经理。风险总监的任命和企业全面风险管理职能部门的设立为各部门有效地开展工作提供了自上而下的必要协调。一个综合团队可以更好地处理的，不仅是公司面临的各个单独的风险，也应包括由这些风险之间错综复杂的关系构成的风险组合。

此外，随着市场体系和各种制度建设的日益完善，迫使企业进行风险管理的社会压力也日益增加直接的压力来自有影响的权益方，如股东、雇员、评级机构、市场分析家和监管机构等。他们都期望收益更有可预测性，以避免和控制自己的风险和减少对市场的破坏性最近几年，随着经济计量技术和计算机模拟技术的迅速发展，基于波动率的模型如风险价值模型和风险调整资产收益率模型，已经用来计量公司面临的各种市场风险，而且这一应用现在正在推广到信用风险及运营风险中。

---

① 蔺琛 . 企业风险管理研究 [M]. 北京希望电子出版社，2019.03.

第三章 企业风险管理流程

第一节 企业风险识别与风险分析

一、企业风险识别概述

（一）企业风险识别的概念

风险识别是指在风险事故发生前，对各种潜在或现有的风险源进行识别与分析。企业风险识别是指企业运用各种方法，系统、全面、连续地对企业内外可能面临的各种风险或可能会引发风险事故发生的潜在原因进行分析，它是整个企业风险管理过程的基础。风险识别实际上就是收集有关风险因素、风险事故和损失暴露等方面的信息，发现导致潜在损失的因素。

（二）企业风险识别的特点

企业风险识别具有如下特点：

1. 系统性

风险识别是一项复杂的系统工程，对于一个企业来说，风险识别不能局限于某一部门或某一环节，而是对整个企业各个方面的风险进行识别和分析。主要包括企业的生产风险、运营风险、市场风险、人力资源风险、信息及信用风险等。风险识别不仅是风险管理部门的工作，还需要其他职能部门，如生产部门、财务部门、信息处理部门、人事部门等的密切配合，否则，难以准确、全面地识别风险。

2. 连续性

风险识别是一项连续性的工作，企业风险识别不可能是一成不变、一劳永逸的。随着企业及其经营环境的不断变化，风险经理必须时刻关注新出现的风险和各种潜在的风险。例如，企业从其他渠道中撤出，进入新的商业渠道，企业被收购或破产，企业经营的环境发生变化等，都会使企业面临不断变化的经营风险。政府法令和行政管理条例的变化，也会导致企业出现新的风险，如政府对职工权益保护法律的变化，会使企业面临法律诉讼风险。总之，企业要发展，就必须不断地识别各种风险，分析其对本企业发展的影响。

3.制度性

风险识别是一项制度性的工作。制度性是指风险管理作为一项科学的管理活动，本身需要组织上的保障，否则就难以保证此项工作的持续性和稳定性。

4.长期性

风险是客观存在的，风险事故的发生也是一个从量变到质变的过程，风险适度地发生是风险因素的增加、聚集并进行一系列演化的结果。在风险因素发展、变化的过程中，风险管理人员需要进行大量的跟踪、调查。

5.目的性

风险识别是否全面、系统，对风险管理的过程及结果具有直接的影响作用，识别风险的目的是为风险评价和风险应对提供依据。例如，风险管理人员的风险调查报告，是企业风险管理部门进行风险评价和风险管理决策的依据。

（三）企业风险识别的程序

风险识别的过程实际上就是收集有关风险事故、风险因素、风险暴露、危害和损失等方面信息的过程。例如，工业溶剂渗漏会使作业现场的工人吸入有毒气体，导致工人中毒的风险事故。对于这一事故可以进行以下分析：风险事故是工业溶剂的渗漏；风险因素是使用工业溶剂的车间通风条件较差，工人在没有防护工具的情况下离工作台太近；风险暴露是生产设备突然失控，使得工人们必须进入通风条件较差的车间进行抢救；损失是工人吸入有毒气体，致使呼吸系统出现严重问题。风险事故导致的直接后果是工人住院治疗，使企业医疗费用支出增加，企业受到上级有关部门的行政处罚；风险事故导致的长期后果是工人申诉、请求鉴定为职业病获得相应的补偿。防止这一风险事故再次发生的办法是重新设计工作台、安装车间的通风设备、防止工业溶剂的渗漏、向工人发放防毒面罩等。

风险识别的过程包括以下两个方面：

1. 洞察风险源

风险管理人员在识别企业所面临的风险时，最重要、最困难的工作是了解企业可能遭受损失的来源。如果风险管理人员不能识别企业所面临的潜在风险，风险因素一旦聚集或者增加，就会导致风险事故的发生。在风险事故发生前，洞察引发风险事故的风险源，是风险事项识别的核心，因为只有发现风险源，才能有的放矢地改变风险因素存在的条件，才能防止风险因素的增加或聚集，也才能有效防止风险事故的发生。

2. 认识风险源

风险管理人员认知、理解和测定风险的能力，是风险事项识别的关键。不同的风险管理人员，认知风险源的能力和水平也是不同的。如果风险管理人员缺乏经验，对已经暴露的风险源视而不见，其结果就会导致可以避免的风险事故发生。如：

①产品或服务的市场前景、行业经营环境的变化、商业周期或产品生命周期的影响、市场饱和或市场分割、过度依赖单一市场、市场有率下降等。

②经营模式发生变化，经营业绩不稳定、主要产品或主要原材料价格波动、对某一重要原材料、产品或服务的过度依赖、经营场所过度集中或分散等。

③内部控制有效性不足导致的风险、资金周转能力较差导致的流动性风险、现金流状况不佳或债务结构不合理导致的偿债风险、主要资产减值准备计提不足的风险、主要资产价值大幅波动的风险、非经常性损益或合并财务报表范围以外的投资收益金额较大导致净利润大幅波动的风险、重大担保或诉讼仲裁等或有事项导致的风险。

④技术不成熟、技术尚未产业化、技术缺乏有效保护或保护期限短、缺乏核心技术或核心技术依赖他人、产品或技术面临被淘汰等。

⑤投资项目在市场前景、技术保障、产业政策、环境保护、土地使用、融资安排、与他人合作等方面存在的问题、因营业规模、营业范围扩大或者业务转型而导致的管理风险、业务转型风险、因固定资产折旧大量增加而导

致的利润下滑风险、以及因产能扩大而导致的产品销售风险等。

⑥由于财政、金融、税收、土地使用、产业政策、行政管理、保护等方面法律、法规、政策变化引致的风险。

⑦可能严重影响企业持续经营的其他因素，如自然灾害、安全生产、汇率变化、外贸环境等。

针对这些风险因素，应采取相应的措施，对于引发重大事故的风险因素要及时处理。一般来说，按照风险事故发生后果的严重程度，可以将风险因素划分为四类：第一类是事故后果可以忽略，可以不采取控制措施的风险因素；第二类是事故后果比较轻，暂时还不能造成人员伤害和财产损失，应考虑采取控制措施的风险因素；第三类是事故后果严重，会造成人员伤亡和系统损坏，需要立即采取措施加以控制的风险因素；第四类是可以造成灾难性后果的风险事故，必须立即采取措施予以排除的风险因素。风险因素的分类提供了考察风险事故后果产生过程的方法，改变了风险因素产生的条件，可以减少风险事故发生的概率，降低风险事故造成的损失。

3. 预见危害

危害是造成损失的原因，危害不能用来指那些可能带来收益的原因，因为危害一词不仅具有损失的含义，还表示损失的程度比较大。尽管在不同的环境下，风险事故表现的形式不同，但是风险事故带来的危害却是大致相同的，即造成企业经济、人员的损失。例如，在生产过程中存在导致风险事故的人的误判断、误操作、违章作业，设备缺陷，安全装置失效，防护器具故障，作业方法及作业环境不良等危险因素。危险因素与危险之间存在因果关系。此外，不同的环境可以产生相同的危害和危险，造成企业、个人财物上的损失。例如，火灾危险可能产生于物质环境（如闪电），也可能产生于社会环境（如纵火、骚乱）。无论是由什么风险因素引发的风险事故，都会产生危害，造成损失。因此，风险识别的重要步骤是能够预见到危害，将产生危害的条件消灭在萌芽状态。

4. 重视风险暴露

重视风险暴露是风险事项识别的重要步骤之一，那些可能面临损伤的物体都有导致风险的可能，必须重视风险暴露。例如，放在家具旁边的沾满汽油的破布是潜在风险源，这块破布有可能引起火灾，这栋房子可能被烧毁，这就是风险暴露。在风险管理实务中，企业的所有部门可能暴露于风险威胁之下。

（四）企业风险识别中要注意的事项

在风险识别的过程中，要注意以下六点：

1. 以企业目标为中心

风险识别是对风险进行衡量、评价、采取应对措施的前提条件。风险识别要紧紧围绕企业目标，确认影响企业战略和目标的风险因素，以提高企业风险决策的质量。

2. 综合运用各种方法和技术

在企业风险识别的过程中要综合运用各种方法和技术。风险识别的方法很多，常用的有风险损失清单法、现场调查法、财务报表法、流程图法、因果图和事故树法等，这些识别风险的方法各具特色，均具有自身的优势和不足。因此，在具体的风险识别中，需要灵活运用各种风险识别的方法，及时发现各种可能引发风险事故的风险因素。

3. 考虑风险因素之间的相互影响关系

风险事件通常并不是孤立发生的，一个事件的发生往往会引起其他事件的发生，多个事件也有可能同时发生。因此，在风险识别的过程中要注意风险事件之间的关联，不能将各个风险因素孤立。例如，在2010年实行的提高存款准备金的政策，使利率、汇率、股票价格、房地产价格等都发生了联动的变化。因此，将个别风险因素孤立对待的方法是不可取的。

4. 注意风险和机遇共存

一个事件的发生往往会带来正面影响和负面影响。具有负面影响的事件代表风险，它需要企业对其进行分析、评估和应对；具有正面影响的事件代表机遇，它会被反映到企业的战略目标制定过程中，以便企业规划行动去抓住机遇。

5. 力争找出所有可能的风险因素

风险识别是否全面，直接影响着企业风险决策的质量的高低。如果说排除风险是扫除"地雷"的过程，那么风险识别就是对"地雷"进行定位的过程，风险识别的关键是要发现所有的"地雷"，确保其不会对企业造成损失的潜在隐患。

6.对风险因素进行正确分配管理

对风险因素进行正确分类整理，以便进行风险评价与管理。将潜在的风险因素进行分类，通过对各类风险因素进行分类和整理，便于企业对风险事件之间的关系进行了解，从而获取更多的信息作为风险评价的依据。通过对各类风险因素进行分类汇总，有助于从整体上把握风险和机遇，并且有助于各职能部门更好地认识和关注与其相关的风险。

二、企业风险识别方法

风险识别的方法很多，主要有风险清单分析法、财务报表分析法、流程图分析法、现场调查法、层次分析法等。这些分析方法各具特色，都具有自身的优势和不足。因此，在具体的风险识别中，需要灵活运用各种风险识别方法，及时发现各种可能引发风险事故的风险因素。

（一）风险清单分析法

为了能够全面识别一个企业所面临的风险，很容易想到是否可以构造一个规范的风险分析框架。最普遍的方法就是编制风险清单，列出各种可能的风险，并将这些风险与企业经营活动联系起来，以发现各种潜在的风险因素。然而，构造风险管理框架需要进行大量的工作，为此人们编制出了许多种风险损失清单，其中大多数是针对纯粹风险和可保风险编制的。如果能够制定出一份比较全面的风险损失清单，就可以根据清单来确定某一企业所面临的潜在风险。

1.风险损失清单表

风险清单是指一些由专业人员设计好的标准的表格和问卷，上面非常全面地列出了一个企业可能面临的潜在风险，风险管理人员可以对照表内所列的内容逐一检查，避免遗漏。在此基础上，风险管理人员可对风险的性质及其可能产生的影响做出合理的判断，以研究对策来防止风险的发生。

风险清单首先将资产分为实物资产和无形资产，接着对实物资产和无形资产进行了详细的列举。该表将资产暴露风险按直接损失风险、间接损失风险和责任损失风险编制。其中，直接损失风险分为无法控制和无法预测的损失、可控制和可预测的损失、主要财务价值的损失三类。间接损失包括附加费用增加，资产集中的损失，式样、品位和需求变化的损失，破产、营业中断的损失，经济波动的损失（如通货膨胀、汇率波动、危机和兼并），流行病、疾病、瘟疫、技术革命的损失、版权侵权和管理失误（市场、价格和产品)等损失。责任损失包括航空责任损失、运输责任损失、出版商责任损失、汽车责任损失、契约责任损失、雇主责任损失、产品责任损失和职业责任损失等。

2. 风险损失清单识别风险的优缺点

企业可以对照风险清单，从整体角度分析企业可能面临的各种风险。这就可以用比较简单的方式来识别风险，从而进行有效的风险管理。

（1）风险清单分析法的优点

较为全面地列举了一个企业可能面临的风险，风险管理人员只需按清单逐一对照就可以找出企业目前所面临的风险，操作简单，可以避免遗漏风险源；风险损失清单对于企业具有共性的风险是普遍适用的，有利于企业宏观的风险管理，从而降低风险管理成本。

（2）风险清单分析法的缺点

风险清单法不可能概括一些企业面临的特殊风险，每个企业都有自身的特殊性，这容易使风险管理人员忽略这些特殊的风险，给企业带来损失。

3. 风险损失清单使用时需要注意的问题

企业根据企业的状况设计的风险损失清单，可以按照风险的轻重缓急确定风险管理次序。企业在使用风险损失清单设计风险识别方案时，需要注意以下四个方面的问题：

①风险损失清单不是识别风险的万能方法，不可能概括一些企业面临的特殊风险。风险损失清单分析法虽然比较全面，但是它无法概括企业面临的特殊风险，这是由风险损失清单的固有缺陷造成的。因此，企业可以根据自身的经营状况，确定适合本企业特点的风险损失清单，避免遗漏企业所特有的风险。

②风险损失清单越详细、越完善，越能全面识别企业面临的各种风险，越有利于减少风险事故的发生。可以看出，风险损失清单是比较琐碎的，但

正是因为琐碎，风险损失清单才提供了企业认识自身风险的参照标准。企业想编制比较全面的风险损失清单，需要做大量的工作。

③企业自行设计的风险损失清单，可以按照对自己最有利的方式排列风险。经济环境的变化，需要企业不断地搜集有关的信息，调整风险损失清单，发现风险管理中的一些变化，及时调整，改进风险损失清单。

④风险损失清单只考虑了纯粹风险，而没有考虑投机风险。一般而言，风险损失清单提供了一种对风险识别的框架。为了搜集关于风险识别的有用信息，一些单位采用风险问卷调查的方式，调查企业所面临的风险。

（二）财务报表分析法

财务报表分析法是以企业的资产负债表、利润表、现金流量表资料为依据，对企业的固定资产、流动资产等情况进行风险分析，以便从财务的角度发现企业面临的风险。由于财务报表集中反映了企业财务状况和经营成果，因此通过对财务报表数据变动的分析，可以发现企业潜在的各种风险。这种方法是风险事项识别的有力手段，尤其对财务风险的分析方面。财务报表分析的主要内容包括：

1.财务报表趋势风险分析

趋势风险分析是指对企业连续数期的利润表和资产负债表的有关项目进行比较，求出各个项目增减变动的方向和幅度，以揭示当期财务状况和经营状况的增减变化及其发展趋势。采用这种方法可以分析引起变化的主要原因、变动的性质，并预测企业未来的发展前景。趋势分析法的具体运用主要有以下三种方式：

（1）重要财务指标的比较

这是将不同时期财务报告中的相同指标或比率进行比较，直接观察其增减变动情况及变动幅度，考察其发展趋势。对不同时期财务指标的比较，可以有以下两种方法：

①定基动态比率。定基动态比率是把某一时期的数额确定为固定的基期数额而计算出来的动态比率。其计算公式为：

$$定基动态比率=\frac{分析期数额}{固定基期数额}\times100\%$$

②环比动态比率。环比动态比率是把每一分析期的前期数额作为基期数额而计算出来的动态比率。其计算公式为：

$$环比动态比率=\frac{分析期数额}{前期数额}\times100\%$$

（2）财务报表比较

将连续数期的财务报表中相同项目的金额并列起来，比较其增减变动的金额和幅度，是判断企业的财务状况和经营成果发展变化的一种方法。财务报表的比较，具体包括资产负债表比较、利润表比较和现金流量表比较等。在实际工作中，也可以采用编制财务报表的方法来进行财务报表的比较。首先选择一个年度为基年，然后排列与基年相联系的各年的报表项目，按惯例基年被设定为100。

2.财务报表的比率分析

比率分析是指以同一会计期间的相关数据进行比较，求出相关数据之间的比例，并将该比例与上期比例、计划比例或者同行业平均比例进行比较，以说明风险管理单位的发展情况、计划完成情况或者与同行业平均水平的差距。财务比率指标主要有以下三种：

（1）构成比率法

构成比率法是以某项经济指标的各组成部分占总体的比重为依据，分析部分与总体的关系，了解项目指标结构上的变化。例如，长期借款占负债的比重、银行存款占资产的比重等。

（2）相关比率法

相关比率法是指用两个有相互关系的指标进行对比，求出二者的比率。该比率能够反映风险管理单位有关经济活动的相互关系，可以为深入了解风险管理单位的生产经营活动情况提供依据。例如，利润与销售单价的比率就反映了单价每变动一元所引起利润变动的情况。

（3）效率比率法

效率比率法是指以某一项活动的投入同所得进行对比，求出二者比率，该比率反映了投入与产出的相互关系。例如，销售成本与销售收入的比率、资金占用额与销售收入的比率等。

3.因素分析法

因素分析法是依据分析指标与其驱动因素的关系，从数量上确定各因素对分析指标影响方向和影响程度的一种方法。当分析某一因素的影响时，假定其他因素的影响不变就可以确定风险因素对风险事故的影响。例如，某企业 2020 年 3 月某种原材料费用的实际数是 6720 元，而其计划数是 5400 元，实际比计划增加 1320 元。由于原材料费用是由产品产量、材料单耗和材料单价三个因素的乘积构成的，因此，就可以把材料费用总额这一总指标分解为三个因素，然后逐一来分析它们对材料费用总额的影响程度，见表 3-1 所示。

表 3-1 某企业材料消耗成本计划总额与实际总额

项目	单位	计划数	实际数	差异
产品产量	件	120	140	20
材料单耗	千克／件	9	8	−1
材料单价	元／千克	5	6	1
材料费用总额	元	5400	6720	1320

根据表 3-1 中资料，材料费用总额实际数较计划数增加 1320 元，这是分析对象。运用连环替代法，可以计算各因素变动对材料费用总额的影响程度如下：

计划指标：

$120 \times 9 \times 5 = 5400$（元）

第一次替代，实际产量替代计划产量：

$140 \times 9 \times 5 = 6300$（元）

第二次替代，实际单耗量替代计划单耗量：

$140 \times 8 \times 5 = 5600$（元）

第三次替代，实际售价替代计划售价：

$140 \times 8 \times 6 = 6720$（元）

由于产量增加使材料成本额增加为：

$6300 - 5400 = 900$（元）

由于单耗量下降使材料费用减少为：

$5600 - 6300 = -700$（元）

由于材料单价提高使费用增加额为：

$6720 - 5600 = 1120$（元）

材料实际费用与计划费用的差为：

900−700+1120=1320（元）

财务报表法的优点：由于财务报表是基于风险管理单位自身的、可靠的资料编制的，因此能够客观地反映风险管理单位的财务状况，通过对财务报表的研究和分析，可以识别出隐藏的潜在风险，防患于未然。

该方法的缺点：专业性强，缺乏财务管理专业知识的人员是无法有效地利用该方法的。

（三）流程图分析法

流程图分析法是识别风险管理单位面临潜在损失风险的重要方法，它是指通过对公司业务过程的解读，将业务流程用图示的方法表达出来，对过程的每一阶段和环节逐一进行调查分析，并针对流程中的关键环节和薄弱环节调查风险、识别风险。

1. 流程图的类型

流程图的类型很多，划分流程图的标准也很多。

按照流程图路线的复杂程度划分，可以分为简单流程图和复杂流程图。简单流程图是将风险主体的生产经营过程按照大致流程进行描述，在进行风险事项识别时，用连线将主要流程的内在联系勾画出来。复杂流程图是将风险主体的生产经营过程进行详细的分析，用多条直线将生产经营过程中的每一程序及每一程序中的各个环节连接起来进行描述。

按照流程的内容划分，可以分为内部流程图和外部流程图。内部流程图是以风险主体内部的生产经营活动为流程路线而绘制的流程图，用以揭示企业从原材料供应到制成品，直至销售出去这整个过程中存在的风险。外部流程图是以风险主体外部的生产经营活动为流程路线而绘制的流程图。

按照流程图的表现形式划分，可以分为实物形态流程图和价值形态流程图。实物流程图是依据某种实物在生产全过程中运行的路线而绘制的流程图，各个环节中以及环节之间的连线上标出的是物品的名称和数量。价值流程图是用标有价值额度的流程路线来反映生产经营过程中的内在联系而绘制的流程图。

2. 流程图的分析

流程图绘制完毕后，就要对其进行静态与动态分析。所谓静态分析，就是对图中的每一个环节逐一调查，找出潜在的风险，并分析风险可能造成的损失后果。例如分析时就要考虑以下类似问题："一号仓库和二号仓库防火警报有效吗？面临火灾风险吗？"、"保卫系统可靠吗？有没有可能会发生盗窃风险？"、"机器设备带有防护设备吗？工人在操作时有没有可能会受伤？"等类似这样的问题都是针对单独某个生产销售环节的。而动态分析则着眼于分析各个环节之间的联系，以找出那些关键环节。例如，某制衣公司的主料和辅料在加工清洗后都要汇到半成品库，然后再开始缝制，那么半成品库就是整个生产流程中一个非常关键的环节，一旦发生重大事故，公司将可能面临不能按合同如期交货而形成的产品责任风险。又如，该公司的产品 90% 用于出口，一旦进口国发生经济危机或采取某些关税政策，就会给公司带来经营风险。

由此可以看出，流程图法的思路是：依据供货、生产和销售的程序，将公司的整体运作分成若干个可以进行管理的环节，再逐一分析这些环节之间的关系。这样有助于识别关键环节，并可进行初步的风险评估。流程图法的优点在于清晰、形象，基本上能够把生产运营环节中的所有风险揭示出来。但流程图可能过于笼统，它描述了整个生产过程，却不能描述任何生产的细节，这就可能遗漏一些潜在风险，而且流程图只强调事故的结果，并不关注损失的原因。因此，想要分析风险因素，就要和其他方法配合使用。

（四）现场调查法

现场调查法是一种常用的识别风险的方法。现场调查法是风险管理人员亲临现场，通过直接观察风险管理单位在生产经营过程中的操作流程、所使用的机器设备以及员工的工作环境等情况，调查其中存在的风险隐患。例如，保险公司对投保财产保险的投保人要调查其信誉、经营能力、安全管理能力等情况。其中对保险标的现场调查主要包括：调查投保标的风险性质、标的物的存放、标的坐落的地点和环境、安全设施是否齐全等。现场调查法的作用是：直接发现保险标的面临的潜在损失风险。

风险管理人员亲临现场调查，主要从事以下三个方面的工作：

1.调查前的准备工作

风险管理人员在进行现场调查前，应该做好充分的准备工作。具体来说，主要包括：

（1）时间安排

一方面要确定何时实施调查，另一方面要确定该项调查需要的时间。

（2）制作调查项目表

风险管理人员应对调查本身做一个详细的计划。即使是小规模的企业，也存在着许多潜在风险。风险管理人员应确保采取合理的风险事项识别技术，以防止遗漏某些重要事项。现场调查往往采用相关表格来记录调查结果，这不仅为现场调查提供了指导，也节省了调查时间，同时还降低了重要问题被忽视的可能性。

（3）参考过去的记录

如果风险管理人员不是第一次调查该项目，那么他就应该参考过去的记录，检查一下是否存在尚未解决的问题，或者还有哪些需要再检查一遍的地方。

（4）选择重点调查项目

通过查阅过去的报告，风险管理人员可以重点调查以前曾经发现风险隐患的设备，并检查该问题是否已经解决。如果在过去的调查中没有发现问题或者这是第一次现场调查，那么最好是准备一张风险清单，上面应列明风险管理人员这一次应重点调查的项目。

2.现场调查及访问

风险管理人员在进行现场调查和访问时，需要注意以下四个问题：

①对现场的每一个角落进行仔细地调查，不遗漏可能存在的风险隐患。

②风险管理人员要同工作人员交流、沟通，熟悉所调查的环境，这样有助于风险管理人员识别风险。

③重点观察那些经常引发风险事故的工作环境和工作方式。例如，某风险管理人员发现，某生产车间的机床经常发生故障，通过对机床的性能及工人的操作状况进行观察，发现故障是由机床的某些零部件老化造成的。

④提出粗略的整改方案。在调查现场时，风险管理人员没有时间仔细

思考被调查现场的有关情况，但又要预防风险的发生，因而只能提出粗略的整改方案。例如，针对零部件老化的问题，风险管理人员提出的整改方案是：更换所有老化的部件。

3.调查报告

现场调查结束后，风险管理人员需要撰写调查报告。调查报告是了解风险管理单位风险等级的重要依据，对此，风险管理人员应将调查时发现的情况如实上报。调查报告应该指出标的物的风险等级、危险点和整改方案等。

现场调查法的优点非常明显，风险管理人员可以借此获得第一手资料，减少了对中间人报告的依赖性。同时，在现场调查过程中，风险管理人员可以与工作人员进行沟通，建立良好的工作关系，向其宣传风险理念，为以后风险管理措施的实施打下基础。现场调查法的最大缺点就是需要花费大量的时间，成本较高，因此，往往只能在某些重要环节的识别上采取现场调查法。

（五）层次分析法

1.层次分析法概念

层次分析法（Analytical Hierarchy Process，AHP）是将与决策有关的元素分解成目标、准则、方案等层次，在此基础上进行定性和定量分析，以确定多目标、多方案，优化决策问题中各个指标权重的决策方法。这种方法因其可以利用较少的定量信息使决策的思维过程数学化，从而为多目标、多准则或无结构特性的复杂决策问题提供简便决策方法的特点，在我国社会的各个领域内得到了广泛的重视和应用，尤其适合于对决策结果难以直接准确计量的场合。

2.层次分析法的基本思路——先分解后综合的系统思想

整理和综合人们的主观判断，使定性分析与定量分析有机结合，实现定量化决策，将所要分析的问题层次化，根据问题的性质和要达到的总目标，将问题分解成不同的组成因素，按照因素间的相互关系及隶属关系，将因素按不同层次聚集组合，形成一个多层分析结构模型，最终归结为最底层（方案、措施、指标等）相对于最高层（总目标）相对重要程度的权值或相对优劣次序的问题。

3. 层次分析法的具体步骤

①确定系统的总目标，弄清规划决策所涉及的范围、所要采取的措施以及实现目标的准则、策略和各种约束条件等，广泛地收集信息。

②按目标的不同，将系统分为几个等级层次，建立一个多层次的递阶结构。

③确定递阶结构中相邻层次元素间的相关程度，通过构造两两比较判断矩阵及运用矩阵运算的数学方法，确定对于上一层次的某个元素而言，本层次中与其相关元素的权重。

④针对某一标准，计算各元素在系统目标中的权重，进行总排序，以确定梯阶结构图中最底层各个元素在总目标中的重要程度。

⑤根据分析计算结果，考虑相应的决策。层次分析法最重要的优点就是简单明了，它提出了层次本身，使得分析者能够认真地考虑和衡量指标的相对重要性，是一种十分有效的系统分析方法，广泛地应用在经济管理规划、能源开发利用与资源分析、城市规划、人才预测、交通运输、科研评估等方面。这种方法的缺点是比较、判断以及结果的计算过程都较为粗糙，不适用于精度较高的问题，且人为主观因素对整个过程的影响很大。

三、企业风险的演化

（一）企业风险演化的概念

企业中风险事件通常不是孤立发生的，一个事件的发生往往会引起其他事件的发生，有可能多个事件也同时发生。因此，在风险识别的过程中要注意风险事件之间的关联，不能将各个风险因素孤立。企业风险演化是指企业在经营过程中，由于经营环境、市场需求、竞争状况、企业管理能力等因素的影响，导致其企业战略与市场需求不相适应，引发各种风险，如环境风险、生产风险、管理风险、市场风险及安全风险等。

企业风险演化是指企业风险在对企业造成影响的过程中会发生的各种变化，导致原来甲风险演化成乙风险，乙风险演化成丙风险，且风险演化的方向是多方位的，既有纵深演化，也有横向演化，还有同时向各方网络状演化，对企业及利益相关者造成损失。

（二）企业风险演化的特征

1. 动态性

企业存在于一个动态的、不断变化的环境中，环境的变化会引发企业的各种生存与发展的要素发生变化，导致新的风险因子不断出现。如宏观环境的变化，国家政策、法规等的变化，就会引发企业的发展战略风险；供应链环节中任何一个节点出现问题，都会引发风险的出现。

2. 规律性

企业风险不是无端出现的，企业风险的演化具有一定规律性。如：由于原材料涨价增加了企业生产成本，从而导致企业成本风险，成本提高会引起价格风险，价格上涨会引起部分消费者流失，从而引起竞争风险和客户风险，这些风险相互传导并相互作用，最终可能会引起企业资金短缺，进而演化成企业的财务风险或财务危机等。

3. 相关性

企业风险因子并不是孤立存在的，风险的演化是相互关联的、相互影响的。

4. 传导性

企业风险传导是指存在于企业外部环境和内部系统中的风险源所释放的企业风险，依托于一定的风险载体，经由一定的路径或渠道，传导和蔓延到企业生产经营的各个业务功能节点和业务流程，甚至整个利益链上的各个企业，从而造成企业生产经营活动偏离预期目标而遭受损失的过程。它既有企业内部风险的传导，也包括风险在企业之间的外部传导。

5. 多元性

企业风险演化是各种风险因素在对企业造成影响的过程中会发生的各种变化，变化的不确定性导致风险演化呈现多元性。

（三）企业风险演化的要素

风险演化要具备四大要素，即风险因子、风险载体、风险接受体和风险诱因。风险因子是多元的，风险诱因及载体也是多方面的，风险因子和诱因是不确定的，A 风险因子可能是 B 风险的诱因，B 风险因子也可能是 A 风险诱因，其中管理失误是主要风险诱因。风险因子依附于风险载体并在诱因的作用下，形成风险流并进行演化，风险演化路径是不确定的，既可能沿纵向路径演化，也可能沿横向路径演化，还可沿纵横多元交叉路径进行演化。

1. 企业风险因子

企业风险因子是指影响企业活动的一些不确定因素。这些要素共同构成了企业风险源。

2. 企业风险载体

企业风险载体是指能承载或携带企业风险因子的物质因素和各种潜在效应，包括资金载体、信息载体、产品载体、人员载体等。

3. 企业风险接受体

企业风险接受体是指受到企业风险影响和辐射的相关产品、服务、业务流程、职能部门、相关企业或其他利益相关者。

4. 企业风险演化诱因

企业风险演化诱因是指促使企业风险源中的风险因子在载体的承载下，沿着风险演化路径向风险接受体运动的过程。在没有风险诱因的情况下，风险因子表现为无规则缓慢运动或相对静止状态。风险诱因在某种程度上加快了风险因子向风险接受体运动的速度，且不同的风险诱因会使风险因子向不同的方向运动。如原材料质量问题（风险诱因）会使风险向产品质量风险方向运动，即导致产品质量风险；促销人员服务态度不好（风险诱因）会使风险向客户关系风险方向运动，即客户关系风险，从而导致客户流失，销售绩效下降。

（四）企业风险演化的机理

风险源存在于企业外部环境与内部系统之中，随着企业内外不确定性的不断增长，蕴含在风险源中，处于静态的风险流开始发生变化，一旦为风险事件所触发，风险流的积累和变化速度将突破企业的风险墙（风险阈值），即达到企业风险的最大承受限度而迸发释放，形成对企业的动态风险演化。迸发释放后的风险流会依附于物质、资金、信息、技术等风险载体，沿着企业的各种业务流程链、利益链、价值链及供应链等传导路径流动、传导到企业各业务流程和功能节点并与节点相结合，发生质变，形成不同属性的风险子系统。在企业风险传导过程中，各风险子系统之间会因各自系统的存在状态、对应功能节点间的关联度以及风险性质间匹配度的不同而相互影响、相互作用。风险诱因在风险的演化过程中起到诱发促动的作用，风险因子与风险载体结合，在促动诱因作用下形成风险流，聚为风险波，经过风险演化路径，能量低的风险波被风险墙阻回，被阻回的风险波可能消退，也可能和后一轮风险波重新聚集形成新的风险波，继续演化；能量高的风险波穿过风险墙，感染风险接受体导致安全事故发生并造成初始损失，经过应急处理形成最终损失。

（五）企业风险演化的原因

1. 企业本身因素

（1）企业自身注重短期利益

很多企业的主要目标是追逐短期利润，缺乏远景规划，为了实现其经营目标，会采取一系列经营策略。有些策略可以与其他企业实现共赢、共同发展，有的措施则是通过降低其他企业利益来实现自身利益的增长，这就导致了企业风险的演化。

（2）企业风险的牛鞭效应

企业在经营过程中，由于上下游企业间交流的不通畅，存在大量的"信息孤岛"，从而造成信息扭曲，且这种扭曲会沿着企业价值链逐渐放大。这种"牛鞭效应"的信息偏差增加了企业活动各环节的无效率工作，使风险在各个价值链中演化升级。

（3）企业信息响应滞后效应

相关信息从源头到终端之间每个环节都有一定的响应滞后，这将会导致相关信息接收者接收到信息之后，做出的反应已经不适合信息发出时的要求，造成企业行为总是比市场需求慢一些，导致企业风险的产生。比如，市场需求信息随着时间在不断发生变化，如果企业对市场需求信息的反应速度较慢，当市场调研部门对需求信息的调研出现"响应滞后"时，会把过时的市场需求信息在不断"响应滞后"的过程中依次传递给企业相关管理部门和生产部门，最终生产出来的产品可能已经落后于市场的需求了。

（4）企业道德风险

一些企业的经营者为了提高绩效，获得高利润，有时候会向消费者夸大产品功能，甚至提供虚假的公司资质给供应商及经销商，采取一些违规甚至违法的手段竞争，损害了行业整体利益，社会道德严重失范，这些行为必然导致企业风险的演化升级，影响价值链相关群体的利益。

2. 其他因素

企业风险演化除了企业自身因素外，还受环境因素、行业因素及利益相关者因素等的影响。

（六）防止企业风险演化的对策建议

1. 加大政府支持的力度，创造良好的宏观环境

政府要加大对企业政策扶持力度，运用财税、金融、市场监管等手段，要细致、翔实并具有可操作性。第一要改革财、税体制，从根本上减轻企业的税费负担，增强其风险抵御能力。切实发挥政府的政策功能和导向作用，加大对企业的支持力度，降低其经营的市场风险。第二要改革金融体制，构建企业信贷资源的融资环境。第三要深化垄断行业改革，营造民企与国企间对生产要素的平等使用权、市场竞争公平参与权、同等受法律保护的宏观环境，健全并完善市场经济体制，为企业营造良好的发展环境。

2. 创新企业管理模式，提高市场竞争力

面对日益激烈的市场竞争，企业应充分把握市场需求的变化，寻找市场空白点。发挥靠近市场前沿的优势，竞争变化快的领域活动；根据企业自身的资源状况，采取相应的手段，强化自己的经营特色。比如，技术上要拥有某项专利技术、专有技术或多年研究出来的专项精良技术；在市场上，首先抢占特定的目标市场，培养客户满意度，打造客户的忠诚度；在产品大体相同的情况下，争取以优质的服务、良好的企业形象等取胜；面对当今人们越来越突出的个性化消费需求市场，消费品生产从规模化、大批量生产转向小批量、个性化生产转变，满足多样化的消费需求。

3. 建立健全企业风险防范机构，强化应对风险的能力

在多变的市场环境下，企业风险随时都可能演化，因此建立风险防范与处理机构是至关重要的。

（1）在企业内部成立专门的风险管理中心

在企业内部成立专门的风险管理中心，建立一套动态风险预警系统，

随时对风险进行监测，并对风险的发生原因进行分析，及时与其他部门的风险管理中心协调和沟通，把风险发生的概率控制到最低，早期切断风险路径或消除风险诱因，使企业风险及时得到控制。

（2）定期收集信息并对信息进行分析评价

随时收集企业相关信息，包括宏观环境信息、竞争对手信息、产品信息及市场需求信息等，这些信息是企业进行决策的依据。有充分、准确的信息才能提高风险预测的准确性，降低风险发生的概率。

（3）建立绩效考核体系，健全高效的员工激励机制

企业要建立一套完善的绩效考核体系，对员工绩效进行公平公正的考核和评估，同时建立一套与绩效考核目标相一致的薪酬体系和员工激励机制，以此提高员工工作积极性，并把考核结果作为选拔晋升、奖惩的依据。这样既能提高企业绩效，又能将人员流失风险降到最低。

（4）树立营销风险文化意识观念，强化职工的风险防范意识

在日常管理工作中对营销人员进行风险意识的疏导，培养员工的风险意识观，定期对员工进行风险处理演练，提高其对营销风险的处理及应对能力。

第二节 企业风险衡量与评价

一、企业风险衡量

（一）企业风险衡量的概念

企业风险衡量是企业在对过去损失资料分析的基础上，运用概率论和数理统计的方法对某一特定或者几个风险事故发生的概率和损失程度做出估计，以此作为选择风险管理技术的依据。对于风险衡量的概念我们可以从以下三个方面来理解：

1. 风险衡量的基础是充分、有效的数据资料

为了使风险衡量的结果客观地反映过去发生的风险事故的状况，预测未来可能发生的状况，需要风险管理人员掌握完整的、一致的、有关主题的和有组织的相关资料，以增强风险衡量结果的准确性。对此，要求搜集到的资料具备以下条件：

（1）数据资料的大量性

风险衡量使用的数据资料是通过对大量同类现象进行观测所取得的结果，或者对同一风险事故反复观测所取得的数据资料，而不是反映个别事件的个别数据。例如，个别历史事件的记载、个别会计数据、某人的验血结果、个别学生的考试成绩等，虽然也是数据资料，但是不具备大量性，因此不能成为衡量风险的数据资料。提高预测损失程度的可靠性，需要增加被考察风险主体的数量，被考察风险主体数量越多，对未来损失程度的预测就越接近于实际损失。

（2）数据资料的具体性

风险衡量使用的数据资料是已经发生的事实记载，而不是拟议中的数据。例如，计划数据、质量标准或技术规范等，尽管也是数据资料，但不能作为风险衡量的数据。

（3）数据资料的同质性

风险衡量使用的数据资料必须具备某种或者某些共同特征，这样的共同特征是构成总体的依据，即数据资料的同质性。如果数据资料为不同质风险的资料，那么就无法衡量风险。

（4）数据资料的相关性

风险衡量使用的数据必须与某一具体因素导致的风险事故密切相关，不具有相关性的数据资料可以不予采用。

2. 风险衡量是对损失频率和损失程度量化分析的过程

风险衡量的结果可以为风险评价提供依据，也可以为风险管理者进行风险决策管理提供依据。统计分析和频率分析是衡量风险的重要工具和手段，也是风险衡量具有科学性的重要原因。

3. 风险衡量是风险管理的重要手段

风险衡量是风险管理的重要手段，也是风险管理的一个重要环节。但是，风险衡量不是风险管理的目的，它只是为风险管理者处理风险提供依据而已，风险管理的目的是选择防范和处理风险的有效办法。

（二）风险衡量的理论基础

1.大数法则

大数法则为风险衡量奠定了理论基础，即只要被观察的风险单位数量足够多，就可以对损失发生的频率、损失的严重程度衡量出一定的数值来。被观察的风险单位数量越多，预测的损失程度就越可能接近于实际发生的损失程度。

2.频率推理原理

单个风险是随机事件，事件发生的时间、空间、损失严重程度都是不确定的。但是，总体而言，风险事故的发生又会呈现出某种统计的规律性。运用概率论和数理统计的方法，可以推断发生风险事故状态的频率。

3.类推原理

数理统计学为从部分去推断总体提供了成熟的理论和众多有效的方法。利用类推原理衡量风险的优势是能够弥补统计资料的不足。在风险管理实务中，进行风险衡量时，往往缺乏足够的以往损失的统计资料，而且由于受时间、经费等许多条件的限制，很难甚至不可能取得所需要的、足够的统计资料。根据事件的相似关系，从已经掌握的实际资料出发，运用科学的衡量方法而得到的数据，可以基本符合实际情况，满足风险衡量的需要。

4.惯性原理

在风险事故发生作用的条件相对稳定的基础上，利用事物发展的惯性原理，可以预测未来风险事故发生的损失和损害程度。值得注意的是，风险发生作用的条件并不是一成不变的，风险衡量的结果会同实际发生的状况存在一定偏离，这就需要在风险衡量的过程中，不仅要考虑引发事故的稳定因素，还要考虑引发事故的偶然因素。

（三）风险衡量的步骤

风险衡量的具体步骤是：

①根据风险事项识别与分析的条目，有针对性地进行调查并收集相关资料。

②根据调研结果和经验，运用现代定量分析方法，预测风险发生的可能性，并予以量化。

③根据风险程度的高低排定次序。例如，在新产品推广的过程中，风险管理人员可以通过与销售人员交谈、向消费者发调研问卷等形式进行调研收集相关资料，并根据调研的结果和经验，确定该产品在市场上成功推出的可能性，以及将来可能遭受的风险及损失。

这里应注意的是：风险是不断变化着的动态事物。基于这种动态条件的预测和分析，其结果不可能做到精确可靠。所有衡量风险的目的，都是尽量避免项目失控和为具体项目实施过程中的突发事件预留足够的后备措施和缓冲空间。

（四）风险衡量的作用

风险的有效衡量，对经济单位有十分重要的作用，其具体表现为以下三个方面：

1. 有利于降低不确定性的层次和水平

不确定性是指对未来事件发生的所有情况一无所知，既不知道哪个事件会发生，也不知道每个事件发生的概率。风险管理的目的就是要降低不确定性的层次和水平。例如，一位风险投资者要想购买某只股票，他就会对这只股票以往的走势进行分析，并且会关注这家上市公司近期的经营业绩，如果对这些资料的分析显示这只股票的价格会上涨，他就有可能购买这只股票，并在这次操作中获利。这位风险投资者之所以能够获利，是因为他获得了准确的股票信息，降低了不确定性的层次和水平。

一般来说，人们无法得到或者准确预测损失的不确定性。但是，可以大致划分风险的层次和水平（见表3-2），争取达到较低水平的不确定性的目的。

表3-2 确定性与不确定性的等级分类

不确定性水平	特征	例子
无（确定）	结果可以精确预测	物理定理，自然科学
水平1（客观不确定）	结果确定和频率可知	硬币，骰子
水平2（主观不确定）	结果确定，但是频率不可知	自然灾害，车祸
水平3	结果不完全确定，频率不可知	基因研究，太空探测

当不存在不确定性时，我们对自己的预测有绝对的把握，当我们对预测的结果十分有把握时，不确定性就不存在了。比如，我们运用物理学上的重力定理或运动定理进行预测时，预测的结果就是确定性的，就不存在认识的不确定性。

水平 1 是最低水平的不确定性，其结果是确定的，并且能够知道不确定性发生的频率。例如，扔硬币、抓阄等。

水平 2 是较高水平的不确定性，是结果确定、频率不可知的不确定性。例如，一汽车司机可以预测的结果是，汽车遭遇车祸或者不遭遇车祸。但是，对于绝大多数车主来说，不可能准确估计自己卷入车祸的可能性的大小，更无法估计车辆的损失程度。

水平 3 是最高水平的不确定性，其结果不完全确定且频率是不可知的。这一水平的不确定性在人类早期的原子能试验和太空探测中非常明显。在太空探测计划开始以前，结果是无法完全确定的。人类扩展知识的愿望和对新技术带来的经济收益的渴望，是人类探测最高水平不确定性的主要原因。

2. 有利于减轻企业的负担

风险的存在，给人们的生产和生活带来了消极影响，企业需要为之付出代价。风险衡量一方面使得人们认识到风险发生的可能性（频率）及损失的范围和程度，从而及时采取有效措施，改变风险因素，以最少的风险处理费用，使风险损失达到最小，从而减轻经济单位个体的负担。另一方面，风险衡量使得各经济单位的资源得以有效利用，这不仅会使风险处理的社会成本下降，而且也会增加全社会的经济效益。

3. 有利于提高企业经济效益

通过风险衡量，可以减少企业遭受风险的损失，从而直接增加企业的经济效益。这种作用主要表现在：有效的风险衡量会使企业获得安全感，并增强扩展业务的信心；风险衡量有助于增加领导层面经营管理决策的正确性；风险衡量有助于减少企业利润和现金流量的波动；在决定是否开展某种业务时，如果能对其纯粹风险进行正确处理，那么其业务经营会变得更为明智和有效。

（五）损失频率和损失程度

在拥有大量数据资料的基础上，衡量风险需要做好两方面的工作：一是估计损失发生的次数，即损失频率。损失频率测量的是在单位时间内损失发生的平均次数。例如，某地区每年发生水灾的损失频率是 0.1，说明该地区可能每 10 年发生一次水灾。二是估计损失程度，即每年发生一次风险事故造成的最大损失额。例如，每发生一次水灾给该地区造成的经济损失为2.5万元，这就是对损失程度的估计。

1.损失频率的估计

通过对大量资料的统计分析，可以估算损失次数和损失幅度的概率，并建立一定形式的概率分布。常见的方法有两种：一是根据经验损失资料建立损失概率分布表；二是应用理论概率建立损失概率分布表。

（1）根据经验损失资料建立损失概率分布表

利用经验损失资料构造概率分布的首要任务是使收集足够多的资料，并且具有相当的可靠性。当企业自身缺乏经验数据时，可以利用来自保险公司、同业公会、统计部门等组织的经验数据作补充。

风险管理人员应该系统地、连续地收集相关的经验损失资料，包括风险单位的特性和数量、事故发生的日期、造成事故损失的原因、每次损失金额、每次损失事故涉及的风险单位等数据。当风险管理人员掌握了大量在相同条件下风险单位发生的损失资料后，可以通过统计整理和分析，获得经验损失概率分布，并以此预测未来发生的损失情况。根据"大数法则"，随着观察样本量的不断增加，实际观察结果与客观存在的结果之间的差异将逐渐减小，估计精度将不断提高。

（2）应用理论概率建立损失概率分布表

在风险管理实践中，通常没有足够多的观察资料来建立损失概率分布，但是可以从中发现某些类型的损失结果呈现出某些统计规律。比如，损失事故发生的次数可以视为离散型随机变量，其概率分布服从二项分布或泊松分布，损失金额是连续型随机变量，其概率分布通常服从正态分布或对数正态分布等。由此，利用经验数据来拟合模型的待定参数后，就可以得到损失概率分布表，进而预测未来一定时期内的损失情况。

在衡量损失频率时，需要考虑三项因素：风险单位数、损失形态、损失事件（或原因）。这三项因素的不同组合，会使风险损失频率的大小不同。

2.损失程度的估计

风险损失程度是指风险事故可能造成的损失值，即风险价值。在衡量风险损失程度时，除了需要考虑风险单位的内部机构、用途、消防设施等以外，还需要考虑以下几方面的因素：损失形态、损失频率、损失金额和损失时间。

（1）同一原因所致的各种形态的损失

同一原因导致的多形态的损失，不仅要考虑风险事件所致的直接损失，而且还要考虑风险事件引起间接损失。一般来说，间接损失比直接损失更严重。例如，尽管汽车碰撞发生的次数大于因碰撞所致的潜在损失，但是因责任诉讼所致的责任损失往往大于汽车因碰撞所致的损失。因此，一般来说，汽车责任风险所致的损失大于财产损失。

（2）单一风险事件所涉及的损失单位数

单一风险事件所引起损失的单位越多，其损失就越严重，损失程度和风险单位数大多呈正相关关系。例如，一次地震造成10人受伤和造成1 000人受伤的损失程度是不同的，显然，造成1000人受伤的损失程度大。

（3）损失的时间

一般来说，风险事件发生的时间越长，损失频率越大，损失的程度也就越大。例如，在30年里，每年损失5万元，连续发生30年的损失程度，显然比30年内某一年发生5万元的损失程度大。估计损失程度不仅要考虑损失的金额，还要考虑损失的时间价值。例如，某单位在5年内弥补100万元的损失显然比在5个月内弥补100万元的损失容易得多。

（4）损失金额

一般情况下，损失金额直接显示损失程度的大小，损失金额越大，损失程度就越大。在一些特殊的情况下，损失金额的大小使损失频率、损失时间的估计变得微不足道。

①单次风险事故所致损失金额。单次风险事故所致的损失金额一般来说不能全部列举出来，它可以在某一区间内取值，因此它是连续型随机变量。对于损失金额的概率分布，很多经验数据表明可以利用正态分布、对数正态分布、帕累托分布等来进行拟合估计。

②一定时期总损失。一定时期总损失是指在已知该时期内损失概率分布和每次损失金额概率分布的基础上所求的损失总额。一定时期总损失金额仍计算为发生一次损失时的损失额加上两次损失发生时的损失额等等。

③随机模拟法的应用。现实中,企业财产损失次数的分布和损失程度的分布可能是比较复杂的,所以以上逐个分析方法太繁琐。在这种情况下,就要应用到随机模拟的方法。

随机模拟法是一种仿真的方法,通过产生随机数的方法,模拟企业财产在较长时间内(如100年)发生损失的情况,从中得到年总损失额的分布。

具体过程是:首先规定随机数大小与损失次数的关系、随机数大小与损失程度的关系,然后开始第一轮模拟。产生一个随机数,看其代表的损失次数,假如这个随机数代表该年发生 N 次损失,则再生成 N 个随机数,对应于每次损失中的损失额,把这 N 个损失额累加起来,就得到了第一轮模拟中的损失额。接下来开始第 2 轮,第 3 轮,……一直模拟下去,直到达到要求的轮数。假如一共模拟 M 轮,其中损失额 L_i 出现了 N_i 轮,则损失额为 L_i 的概率 p_i 为:

$$p_i = \frac{N_i}{M} \quad (3-1)$$

这样就可以得到年总损失额的概率分布。

④均值和标准差的估算。有时人们只关心损失幅度的某个特征值,如均值和标准差,这时就可以直接对总体均值和标准差进行区间估算。不同的数据量,采用的方法也不同。

a.样本容量较大,已知样本均值和抽样误差,估计总体均值。

当样本容量较大时,样本均值是一个服从正态分布的随机变量,$Z = \frac{\overline{X} - \mu}{\sigma_{\overline{x}}}$ 为服从标准正态分布的随机变量。由此可以得到总体均值的区间估计:

$$P\left(\overline{X} - Z_a \sigma_{\overline{x}} \leqslant \mu \leqslant \overline{X} + Z_a \sigma_{\overline{x}}\right) = 1 - \alpha \quad (3-2)$$

b.样本容量较小,总体为正态分布而 σ 未知时,估计总体均值。

样本容量较小,总体为正态分布时,统计量 $t = \frac{\overline{X} - \mu}{s/\sqrt{n-1}}$ 服从自由度为 n-1 的 t 分布,则:

$$P\left(|t|\leqslant t_a\right)=P\left(\left|\frac{\overline{X}-\mu}{s/\sqrt{n-1}}\right|\leqslant t_\alpha\right)=P\left(-t_a\leqslant\frac{\overline{X}-\mu}{s/\sqrt{n-1}}\leqslant t_\alpha\right)$$

（3-3）

$$=P\left(\overline{X}-t_\alpha\frac{s}{\sqrt{n-1}}\leqslant\mu\leqslant\overline{X}+t_a\frac{s}{\sqrt{n-1}}\right)=1-\alpha$$

c.样本容量较小，总体为正态分布时，估计总体方差。

样本容量较小，总体为正态分布时，统计量 $\chi^2=n\dfrac{s^2}{\sigma^2}$ 服从自由度为 n-1

的卡方分布，则：

$$P\left(\chi^2_{1-\frac{\pi}{2}}<\chi^2<\chi^2_{\frac{\pi}{2}}\right)=P\left(ns^2/\chi^2_{\frac{\pi}{2}}<\sigma^2<ns^2/\chi^2_{1-\frac{\pi}{2}}\right)=1-\alpha$$ （3-4）

（六）企业风险衡量方法

风险的概率分布是指显示各种结果发生概率的函数，是用来描述损失原因所引发的各种损失发生可能性大小的分布情况。随机变量是取值带有随机性的变量，随机变量的一切可能值的集合（或值域），以及它取各种可能值的概率或在值域内各部分取值的概率，二者总称为概率分布。概率分布是所有彼此互斥并且总体完备的事件的列举，这些事件由某一随机过程导致。根据损失的概率分布特征，风险经理可以获得评价风险、管理风险的依据。概率分布有离散型和连续型两大类，实际中遇到的概率分布也有离散型和连续型两大类。同频率分布一样，概率分布也分为一个变量的一元分布和多元变量的联合分布。

1.中心趋势测量

中心趋势测量是确定风险概率分布中心的重要方法。在各种不同的测量方法中，主要有算术平均数、加权平均数、中位数和众数，这些指标通常用来计算未来的期望损失。

（1）算术平均数

算术平均数是指用平均数表示的统计指标，分为总体的一般平均指标和序时平均指标。一般平均指标是指同质总体内某个数量标志（在一定时间内）的平均值，序时平均指标是指某一个统计指标在不同时间的数量平均值。假设 X_1，X_2，…，X_n是变量 X 的 n 个观测值，则平均指标为：

$$\overline{X} = \frac{\sum_{i=1}^{n} X_i}{n} \quad (3\text{--}5)$$

在平均指标的计算中，给予每一次观察值的权数相等。例如，5个数字0、1、2、3、4的平均数字等于2，每个测量结果只记一次，而且权数相等。

（2）加权平均数

加权平均数是用每一项目或事件的概率加权平均计算出来的。假设 X_1，X_2，…，X_n 是变量 X 的 n 个观测值，V_1，V_2，…，V_n 是变量出现的次数，则其加权平均数是：

$$\overline{X} = \frac{X_1 V_1 + X_2 V_2 + \cdots + X_n V_n}{V_1 + V_2 + \cdots + V_n} \quad (3\text{--}6)$$

（3）中位数

衡量损失、预测损失的另一种方法是计算中位数。中位数也称中值，位于数据的中心位置。确切地说，将任意一组数据 X_1，X_2，…，X_n，按从小到大顺序排列，得到数据 $X_{(1)} \leqslant X_{(2)} \leqslant \cdots \leqslant X_{(n)}$，$n = 2m+1$，则 $X_{(m+1)}$ 就是中位数；若 n=2m，则处于中心位置的两个数为 $X_{(m)}$ 和 $X_{(m+1)}$，这时，称它们的算术平均数为中位数，记作 M，则

$$M = \begin{cases} X_{(m+1)} & (n = 2m+1) \\ \dfrac{X_{(m)} + X_{(m+1)}}{2} & (n = 2m) \end{cases} \quad (3\text{--}7)$$

在中位数中，有一半大于它，而另一半则小于它。

（4）众数

众数是一种根据位置确定的平均数。顾名思义，众数就是分布数列中最常出现的变量值，即频数或频率最高的变量 X 的观测值。数列中最常出现的变量的观测值说明该变量观测值最具有代表性，因此以之反应变量的一般水平。

众数具有这样的特点：①众数是一种位置平均数，它不受数列中各单位变量观测值的影响，因此难以准确地反映数列变量观测值的平均水平。但

是，当数列中有异常变量观测值时，它不受数列两端异常变量观测值的影响，增强其作为变量观测值数列的一般水平的代表性。②由于众数是频数最大的变量观测值，因此，当分布数列没有明显的集中趋势而趋于均匀分布的情况下，就无众数可言了。③如果分布数列有多个众数出现就应重新分组，或将各组频数依序双双合并，求得一个有明显集中分布趋势的数列，然后再确定众数。

2. 变异程度的测定

测量风险的大小取决于不确定性的程度，取决于实际损失偏离预期损失的程度，而不确定性的大小可以通过对实际发生损失距离预期损失的偏差来确定，即风险度。风险度是衡量风险大小的一个数值，这个数值是根据风险所致损失的概率和一定规律的计算得到的。风险度越大，就意味着对未来情况越没有把握，损失就越大；反之，损失越小。

（1）方差和标准差

对于随机变量 X，如果，x_2，$\cdots$ x_1 x_n 随机变量 n 个观测值，$\bar{x}$ 是随机变量的算术平均数，那么，称 $(x_i - \bar{x})^2$（i=1，2，$\cdots$，n）为观测值的平方偏差，称 $(x_1 - \bar{x})^2$，$(x_2 - \bar{x})^2$，$\cdots$，$(x_n - \bar{x})^2$ 的算术平均数为这组数据的平均平方偏差，简称方差（或均方差）。即：

$$\sigma_i^2 = \frac{1}{n}\sum_{i=1}^{n}(x_i - \bar{x})^2 \quad （3-8）$$

方差的算术平方根是标准差或根方差（σ）。标准差公式为：

$$\sigma = \sqrt{\frac{1}{n}\sum_{i=1}^{n}(x_i - \bar{x})^2} \quad （3-9）$$

标准差是衡量测量值与平均值离散程度的尺度，标准差越大，数据就越分散，损失波动的幅度就越大，较大损失出现的可能性就越大。

（2）变异系数

风险的稳定性可以通过变异系数反映出来。变异系数越大，风险的稳定性越弱，损失的风险也就越大；相反，风险的稳定性越强，损失的风险就越小。变异系数（v）是标准差（σ）与均值或期望值 m 的比例，也称标准差系数或平均偏差系数。即：

$$v = \frac{\sigma}{\bar{x}} \quad (3-10)$$

风险衡量中，风险的稳定性对衡量风险具有重要意义。例如，某建筑物的火灾损失频率为每年 0.5 次，平均损失幅度为 4 万美元，这是对建筑物发生火灾损失的总体描述。但是，具体到每一次火灾事故，损失金额和概率又是不一样的。10 年中，每隔一年发生一次火灾事故和 10 年中有一年发生 5 次火灾事故的情况是不一样的，但是火灾事故发生的频率却都是每年 0.5 次。同样的，在衡量损失幅度中也存在这样的问题。例如，平均损失幅度为 4 万元可能是每次损失是 4 万元，也可能有 95% 的损失是 2 万元，而剩下 5% 的损失金额是 42 万元。某一风险事故偏离预期损失的方差越大，风险管理人员就越担心，损失程度也就越大。对变异系数的大小，没有统一的数据规定，可以根据需要在一定幅度内灵活地确定。一般情况下，变异系数越小，偏差就越小，据此制定的风险管理策略就越可靠，重大风险事故发生的可能性就越小。

变异系数也是保险公司确定保险费率的重要依据。一般情况下，保险公司根据保险标的风险程度进行分类，然后依据各类财产发生风险事故的频率，制定出使用各类财产保险标的的费率。例如，以某财产保险公司 5 年的统计资料为例，假设保险金额损失率的数据为：第一年 0.22，第二年 0.21，第三年 0.18，第四年 0.19，第五年 0.20。计算全部保险金额损失率的指标总和为 1.00. 观察次数是 5，其算术平均数是 0.20。把这个数列从小到大重新排列是：0.18，0.19，0.20，0.21，0.22，它表明数列的平均数与中位数相等为 0.20。然后计算损失的偏离正数和偏离负数分别为：

偏离正数：（0.21-0.20）+（0.22-0.20）=0.03

偏离负数：（0.18-0.20）+（0.19-0.20）=-0.03

计算结果显示：其偏离的正负数相等，表明该数列的数值对于保险金额损失率的确定具有可靠性。

3. 偏态

前面我们讲过平均数与中位数的概念，在这两个指标相等的情况下，变量的频数分布呈对称分布，即没有偏态。

当中位数与平均数不相等时，分布就会出现偏态。当中位数大于平均数时，表明分布聚集于左边而向右边偏斜。当中位数小于平均数时，表明分布聚集于右边而向左边偏斜。计算偏态的公式为：

$$偏态 = \frac{3(平均数-中位数)}{标准差} \qquad (3-11)$$

二、企业风险评价

风险评价是风险管理中的重要步骤。风险衡量和风险评价有时是同时进行的，有时是分步骤进行的，因此，在风险管理实务中，往往很难确定哪一步骤属于风险衡量、哪一步骤属于风险评价。风险评价可以为确定风险控制措施提供依据。本章对风险评价的概念、特点、作用、评价方法进行了说明，其中评价方法主要有风险价值法（VaR法）、风险度评价法、LEC评价方法、优良可劣评价法及直方图评价法。

（一）风险评价的概念

风险评价是指在风险识别和风险衡量的基础上，把损失频率、损失程度以及其他因素综合起来考虑，分析风险的影响，并对风险的状况进行综合评价。风险评价是风险管理者进行风险控制和风险融资技术管理的基础。

风险评价按照不同的分类标准可以划分为不同类型。按照风险评价的阶段划分，可以分为事前评价、事中评价、事后评价；按照评价的角度划分，可以分为技术评价、经济评价和社会评价；按照评价的方法划分，可以分为定性评价、定量评价和综合评价。尽管风险评价分类方式不同，但风险评价具有以下四方面的特点：

1. 风险评价是对风险的综合评价

企业在生产经营过程中，所面临的风险并不是单一的，企业可能同时面临着诸如宏观环境的恶化、产品质量缺陷、生产安全隐患等风险。在引起损失的各类风险中，有些风险是相互联系的。不同风险之间的联系可能提高或降低这些风险对风险主体的影响。在风险评价的过程中需要综合考虑各种风险因素的影响，对可能引起损失的风险事件进行综合评价。

2. 风险评价需要进行定量评价

随着风险管理越来越复杂，许多企业试图更准确地评价风险。然而，在风险管理中，很难找到统一的评价标准评价各种风险可能造成的损失。为了更准确地评价风险，我们需要运用数学模型进行定量分析。

3.风险评价离不开特定的国家制度

风险主体往往以发生损失的频率和程度来评价风险。但是，风险单位的风险评价又离不开特定的国家、社会经济和政治制度。例如，在欧洲，星罗棋布的古老建筑物成为财产损失评价的特有问题；而环太平洋国家因台风和其他风暴引起的灾难性损失也是风险评价的重要方面；有些国家的政治局面不稳（如伊拉克和泰国），使风险评价难以顺利进行；同时，对正在经历恶性通货膨胀的国家进行风险评价就面临很大挑战，因为对这些国家财产价值的评价会迅速失效。

4.风险评价受管理层风险态度的影响

风险评价中掺杂着风险管理人员的主观评价，所以风险评价者的风险态度也会影响风险评价的结果。例如，风险评价者的人类属性、个性和风险类别等，都对风险评价的结果有很大影响。风险偏好者和风险规避者对同一风险事项的评价往往大相径庭。例如，风险评价者对自然风险、社会风险和经济风险的反应不同，风险评价的结果也是不同的。

（二）企业风险评价的作用

风险评价的目的是系统地从企业管理过程中找出潜在的风险因素，并提出相应的风险管理措施；对潜在的事故进行定性、定量分析和预测，找出系统的、安全的最优方案；评价装备或生产的安全性是否符合有关标准和规定，实现安全技术与安全管理的标准化和科学化。

风险评价的作用主要表现在以下三个方面：

1.能够更加准确地识别风险

通过定量方法进行风险评价，可以定量地确定建设工程的各种风险因素和风险事件发生概率大小或概率分布，及其发生后对建设工程目标影响的严重程度或损失严重程度，包括不同风险的相对严重程度和各种风险的绝对严重程度。

2.保证目标规划的合理性和计划的可行性

建设工程数据库只能反映各种风险综合作用的后果，而不能反映各种风险各自作用的后果。只有对特定建设工程的风险进行定量评价，才能正确反映各种风险对建设工程目标的不同影响，才能使目标规划的结果更加合理、可靠，使在此基础上制定的计划具有现实可能性。

3. 合理选择风险管理对策，形成最佳风险对策组合

不同风险对策适用的对象各不相同。风险对策的适用性需要从效果和代价两个方面考虑。风险对策的效果表现在降低风险发生概率和（或）降低损失严重程度的幅度。在选择风险对策时，应将不同风险对策的适用性与不同风险的后果结合起来考虑，对不同的风险选择最适宜的风险对策，从而形成最佳风险对策组合。

（三）企业风险评价指标体系构建

构建风险评价指标体系对于企业风险评价具有重要意义。首先要对影响企业风险的因素进行识别，选取风险评价指标，然后构建企业风险承受能力的指标体系，如表 3-3 所示。

表 3-3 企业风险承受能力评价指标

第一层	第二层	第三层	第四层
企业风险承受能力	外部环境	经济环境变化	—
		政策环境变化	—
		市场波动	—
		社会文化环境变迁	—
	公司特征	结构特征	企业规模
			固定资产比率
		行业特征	所属行业
			企业敏感性
			研发支出
		政治特征	国家或地方政府机构扶持
			政治联系及强度
	财务情况	盈利能力	净资产收益率
			总资产报酬率
			股本收益率
			营业收入利润率
		营运能力	流动资产周转率
			应收账款周转率
			总资产周转率
		偿债能力	资产负债率
			流动比率
			利息保障倍数
			债务股权比率
			长期负债率

企业风险承受能力	财务情况	发展能力	营业收入增长率
			利润总额增长率
			资本扩张率
			净资产增长率
			总资产增长率
	公司治理	公司治理结构	董事会规模
			第一大股东持股比例
			股权制衡独立董事人数度
			高层管理人员持股比例
			内部控制机构的设立和职责履行情况
			独立董事人数
		公司治理制度	管理层的经营理念和经营风格
			管理层的诚信道德和价值观念
			企业文化建设情况
			防范和降低风险的举措
			重大事件应对制度
	外部监督和风险经理	外部监督情况	证监会,交易所的处罚
			税务、工商等部门的处罚
			因诉讼案件受到的处罚
			会计师事务所的变更情况
			注册会计师审计情况
		风险应对经历	近期成功应对重大风险
			近期成功应对一般风险
			早期成功应对重大风险
			早期成功应对一般风险

企业风险评价体系是由各种风险因素构成的，它们以一定的方式有机地联系在一起，构成结构完整、功能完备、行之有效而又相对独立的系统。可以依据系统论的思想，将这些相互关联、相互制约、相互作用，共同影响企业风险承受能力的要素进行归类梳理，使其成为一个具有顺序性和层次性的完整体系，组成具有特定功能的有机整体。整体性、关联性、等级结构性、时序性等是所有系统共同的基本特征。按照企业抗风险能力评价体系的基本框架，遵循指标体系确定的原则和步骤。

（四）风险评价方法与流程

1.风险评价方法

风险评价对风险决策管理的影响比较大，科学地评价风险至关重要，采用适当的风险评价方法具有重要意义。风险评价可以采用简单的方式，也可以运用风险衡量的结果进行评价。目前，国际上比较流行的风险评价方法主要有以下三种：

（1）风险价值法

1993 年，G30 集团在研究衍生品种的基础上发表了《衍生产品的实践和规则》的报告，提出了度量市场风险的风险价值法（VaR 模型），它后来在企业尤其是金融行业对市场风险的分析中得到了广泛应用。1994 年 J.P. 摩根银行首先将其作为风险衡量的工具。VaR 模型是指在正常的市场条件和一定的置信水平上，某一金融资产在未来特定的一段时间内可能发生的最大损失。用公式表示为：

$$\mathrm{Prob}(\Delta P < \mathrm{VaR}) = 1 - \alpha \quad (3\text{--}12)$$

其中，ΔP 表示某一金融资产在一定持有期 Δt 的价值损失额；VaR 表示置信水平 α 下的风险价值可能的损失；α 表示给定的概率——置信水平。

VaR 主要由以下四个因素决定：

①风险敞口，即以市场价值计算的某一金融资产或投资组合金额的大小；

②价格波动因子，即金融资产的价格波动率，统计上以标准差来表示；

③时间区间的长短，即在不利市场条件下将一项金融资产变现所需要的时间；

④置信水平 α，如 95% 或 99%。

VaR 模型测量风险简洁明了，统一了风险计量标准，管理者和投资者较容易理解掌握。风险的衡量是建立在概率论和数理统计的基础上，既具有较强的科学性，又表现出方法操作上的简便性。同时，VaR 改变了在不同金融市场缺乏表示风险统一度量的情况，使不同术语（例如基点现值、现有头寸等）有统一的比较标准，使不同行业的人在探讨其市场风险时具有共同语言。采用 VaR 方法可以事前计算，降低市场风险。不像之前的风险管理方法都是在事后衡量风险大小，该方法不仅能计算单个金融工具的风险，还能计算由多个金融工具组成的投资组合风险。VaR 方法还可以确定必要资本及提供监管依据。VaR 为确定抵御市场风险的必要资本量提供了科学的依据。将金融机构资本安排建立在精确的风险价值基础上，也为金融监管机构监控银行的资本充足率提供了科学、统一、公平的标准。但是，VaR 在具体应用时要注意以下四个方面的问题：

一是数据问题。运用数理统计方法计量分析，利用模型进行分析和预测时要有足够的历史数据，如果数据库整体不满足风险计量的数据要求，则很难得到正确的结论。

二是 VaR 在其原理和统计估计方法上存在一定缺陷。VaR 对金融资产或投资组合的风险计算方法是依据过去的收益特征进行统计分析来预测其价格的波动性和相关性，从而估计可能的最大损失。

三是在应用 VaR 模型时隐含了前提假设。即金融资产组合的未来走势与过去相似，但金融市场的一些突发事件表明，有时未来的变化和过去没有太多联系。因此，VaR 方法并不能全面地度量金融资产的市场风险，必须结合敏感度、压力测试等方法进行分析。

四是 VaR 主要是用于正常市场条件下对市场风险的衡量。如果市场出现极端情况，历史数据变得稀少，资产价格的关联性被切断，或是金融市场不够规范，金融市场的风险受人为因素、市场外因素影响的情况下，这时便无法使用 VaR 来测量市场风险。

（2）LEG 评价方法

LEC 风险评价方法是作业条件危险性分析评价方法，是半定量的。工程局采用 LEC 定性评价方法对识别出的危险源进行风险评价，该方法的应用公式如下：

$$D = LEC \quad （3-13）$$

式中：L 为发生事故的可能性大小；E 为人体暴露在危险环境中的频繁程度；C 为发生事故产生的后果；D 为危险等级。

其中各参数的确定依据以下问题：

①发生事故的可能性大小。事故或危险事件发生的可能性大小，当用概率来表示时，绝对不可能的事件发生的概率为 0；而可能性小、完全意外发生的事件的分数值为 1，在考虑系统安全时，绝对不发生事故是不可能的，所以人为地将事故实际不可能性的分数值定为 0.1，而完全可能预料要发生的事件的可能性分数值定为 10。介于两者之间发生事故的可能性指定了若干个中间值，如表 3-4 所示。

表 3-4 L——发生事故的可能性大小

分数值	事故发生的可能性
10	完全可能
6	相当可能
3	可能但不经常
1	可能性小、完全意外

0.5	很不可能可以设想
0.2	极不可能
0.1	实际不可能

②人体暴露在危险环境中的频繁程度。人员出现在危险环境中的时间越频繁，则危险性越大。规定连续暴露在此危险环境的情况为10，而非常罕见地暴露在危险环境中的分数值定为0.5。同样，将介于两者之间的各种危险规定若干个中间值，如表3-5所示。

表3-5 E——人体暴露在危险环境中的频繁程度

分数值	人体暴露在危险环境中的频繁程度
10	连续暴露
6	每天工作时间内暴露
3	每周一次，或偶然暴露
2	每月一次暴露
1	每年几次暴露
0.5	非常罕见的暴露

③发生事故产生的后果。事故造成的人身伤害变化范围很大，对伤亡事故来说，可从极小的轻伤直到多人死亡的严重结果。由于发生事故可能产生的范围较广，所以规定分数值为1～100，轻伤规定分数为1，把发生事故造成10人以上死亡的可能性分数规定为100，其他情况的分数值均在1与100之间，如表3-6所示。

表3-6 C——发生事故产生的后果

分数值	发生事故产生的后果
100	10人以上死亡或经济损失1000万元以上事故
40	2～9人死亡或经济损失100万元以上事故
15	1人死亡或经济损失50万元以上事故
7	重伤或经济损失10万元以上事故
3	重伤或经济损失1万元以上事故
1	伤或经济损失不超过1万元以上的事故

④危险等级。在确定被评价的具体作业的危险性参数时，要组成一个由专业技术人员、安全管理人员、有经验的工人参与的评价小组，依据过去的经验、有关的知识、相关的统计资料，经过分析讨论，初步估计L、E、C的分数，然后计算三个参数的乘积，得出危险分值。并按照表3-7 "D——危险性分析"所列的分数来确定风险等级。

表3-7 D——危险等级

D值	危险程度	危险等级
> 320	极其危险，不能继续作业的	V
160～320	高度危险，要立即整改	IV
70～160	显著危险，需要整改	III
20～70	一般危险，需要注意	II
< 20	稍有危险，可以接受	I

（3）直方图评价法

直方图直接形象地反映了数据分布的情况，通过观察直方图的形状和公差标准以及分析风险的概率分布，可以评价风险因素的稳定性。直方图图形分为正常型和异常型两种。

①正常型。正常型是左右对称的山峰形状，中部有一峰值，两侧的分布大体对称，且越偏离峰值方柱高度越小，符合正态分布。该图表明数据代表的风险处于稳定状态。

②异常型。与正常型分布状态相比，带有某种缺陷的直方图为异常型直方图，这类图形表明数据所代表的工序处于不稳定状态。常见的异常型直方图主要有以下六种：

a.偏峰型。直方图的顶峰偏向一方，这往往是由于只控制一侧界限或者一侧控制严格，另一侧控制宽松所造成的。根据直方图的顶峰偏向的位置不同，有左偏峰型和右偏峰型。

b.双峰型。一个直方图出现两个顶峰，这往往是由于两种不同的分布混在一起造成的。虽然测试统计的是同一项目数据，但是，数据来源条件差距较大。例如，两班工人操作水平差距较大，将其质量数据混合在一起的直方图。

c.平峰型。在整个分布范围内，频数的大小差距不大，形成平峰直方图，这往往是由于某种缓慢变化的因素所造成的。例如，机器设备的磨损。

d.高端型（陡壁型）。直方图的一侧出现陡壁状态，这是由于剔除了一些数据，进行不真实的统计造成的。

e.孤岛型。在远离主分布中心处出现孤立的小直方图，这表明项目在某一段时间内受到异常因素的影响，使生产条件突然发生较大变化。如短时间内原材料供应短缺或机器设备突然发生故障造成的。

f.锯齿型。直方图出现参差不齐的形状，即频数不是在相邻区间减少，而是在隔区间减少，形成了锯齿状。造成这种现象的原因不是数据本身的问题，而主要是绘制直方图时分组过多造成的。

观察直方图的形状只能判断风险管理过程是否稳定正常，并不能判断是否能稳定地管理风险，而将直方图和公差相比较，即可以达到风险管理的目的。公差是指企业可以容忍和允许的风险变动范围，对比的方法是观察直方图是否都落在规定或公差范围内，是否有相当的余地以及偏离程度如何。几种典型的直方图和公差标准的比较情况如下：

①理想型。理想型表示数据分布范围充分居中，分布在公差上下界限内，而且具有一定余地，这种状态表明风险管理处于正常状态，目前不需要调整。

②偏向型。偏向型表示数据虽然分布在公差范围内，但分布中心偏向一侧，说明存在系统偏差，必须采取措施，使平均值接近规定的中间值。这种状态表明，风险单位处于基本稳定状态，风险管理者的风险评价结果基本正常，需要针对某些问题采取措施。

③无富余型。无富余型表示数据分布虽然在公差规定范围内，但是两侧均无余地，稍有波动就会出现超差，产生风险事故。针对这种情况，风险管理人员的风险评价结果存在着风险隐患。在这种情况下，应该采取措施，预防风险事故的发生。

④能力富余型。能力富余型表示数据分布过于集中，分布范围与规定范围相比，余量过大，说明控制较严格，风险管理不经济，必要时可以减少不必要的管理费用。针对这种情况，风险管理人员的风险评价结果不存在风险隐患。

⑤能力不足型。能力不足型表示数据分布范围已经超出规定范围，已经产生风险事故。针对这种情况，风险管理人员的风险评价结果是：风险事故已经发生。在这种情况下，需要采取措施，抑制损失的进一步扩大。

⑥陡峭型。陡峭型表示数据分布过于偏离规定中心，已经造成了偏差，产生风险事故，造成这种状态的原因是控制不严。在这种情况下，应该采取措施，使数据中心与规定中心重合，既需要使平均值接近规定的中间值，又要减少波动，防止风险事故的发生。

综上所述，通过观察直方图的分布状态，以及将其与公差标准相比较，可以评价风险因素是否存在风险隐患，分辨风险单位是否存在异常状态，便于风险管理者采取必要措施，将风险隐患和异常状态消除在萌芽阶段。风险单位分布的界限越偏离规定的标准，风险也就越大。但直方图评价法只能提供风险单位所处风险的大致状况，而无法提供存在风险隐患的具体原因。同时，直方图评价需要大量的有关风险单位的统计数据，这些数据的真实性影响风险评价的效果。

2. 企业风险评价流程

风险评价主要是依据项目目标和评价标准，对辨识和估计的结构进行系统分析与研究，明确风险之间的因果关系，确定项目风险整体水平和风险等级。风险评价过程如下：

（1）确定企业风险评价标准

评价标准就是风险主体针对不同的项目风险确定的可以接受的标准。该标准是与企业目标相联系的，企业目标有总体目标和子目标。因此，风险评价标准也可分为整体评价标准和单项评价标准。

确定企业风险评价的标准，依据企业的目标，结合风险评价的内容，确定风险评价的标准体系，作为风险评价的参照值。

（2）收集相关数据资料

根据确定的企业风险评价内容和标准体系，有针对性地收集与评价内容相关的各种数据和资料。数据和资料要尽可能翔实，并且要尽可能方便处理。

（3）构建评价指标体系

根据企业风险评价的目标和内容，构建风险评价指标体系。风险评价指标体系的构建既要具有全面性，又要具有代表性。

（4）选择风险评价方法

风险评价的方法有很多，在选择风险评价方法的时候，要根据各种评价方法的适应性和优缺点，结合自身评价内容和数据的具体特点来选择。通常可以选择一种评价方法，也可以选择多种评价方法组成综合的评价方法。

（5）确定企业风险的整体水平

企业整体风险一般由企业运营过程中各相关子风险构成。在确定企业风险整体水平的过程中，首先将企业风险分为企业运营风险、企业财务风险、企业项目风险、企业市场风险、企业安全风险、企业法律风险、企业政治风险等，进而分析整体目标的风险水平。同类风险可以通过计算得到各目标的整体水平。其次，综合不同目标风险得到企业整体风险水平。由于各目标风险属性不同，简单的运算是没有意义的，需要综合分析，采用定性分析与定量分析相结合的方法，科学地确认企业整体的风险水平。

（6）企业风险水平与风险评价标准的比较

将单项风险水平与单项风险评价标准进行比较，整体风险水平与整体风险评价标准比较，以此划分风险等级。当整体风险与单项风险都不能接受时，则说明企业的总体风险较大，风险等级高，需要改善企业风险管理措施，加强企业风险管控；如果企业的整体风险与主要单项风险都可接受时，则说明企业所处的企业风险等级较低，企业的风险管控有效；如果企业整体风险可接受，而某些次要的单项风险不能被接受时，则可以针对这些风险项进行局部改善；如果企业的整体风险能够被接受，而主要的单项风险不能被接受时，则应从全局出发做进一步分析，确认机会多于风险时，对企业风险管理进行调整。

第三节 企业风险管理决策

一、企业风险管理决策的概念与特点

（一）企业风险管理决策的概念

风险管理决策是指根据风险管理的目标和宗旨，在科学的风险分析的基础上，合理地选择与组合风险管理技术和手段，进而制定风险管理总体方案和行动措施的活动或过程。通俗地讲，就是从多个备选风险管理方案中进行比较筛选，选择一个最佳方案的过程。

从宏观的角度，风险管理决策是对整个风险管理的计划与安排，但在微观的层面上，即对具体的实施过程而言则是指运用科学的决策理论和方法来选择风险处理的最佳技术和手段。一般来说，风险管理决策应包括以下四个基本内容：

①信息决策过程。即了解和识别各种风险的存在、风险的性质，估计风险的大小。

②方案计划过程。即针对某一具体的客观存在的风险，拟定各种可能的风险处理方案。

③方案选择过程。即根据决策的目标和原则，运用一定的决策手段选择某一个最佳处理方案或某几个风险处理方案的最佳组合。

④风险管理方案评价过程。由于风险具有随机性和不确定性，因此必须对方案的实施进行跟踪、评价和修正。

（二）企业风险管理决策的特点

企业风险管理决策是根据风险管理总目标进行的决策，而风险管理总目标与企业经营管理目标是一致的，从这个意义上讲，企业风险管理决策与其他一般管理决策没有什么不同。但由于其具有特殊性，风险管理决策又具有以下四个特点：

①风险管理决策是以风险可能造成的损失结果为对象，根据成本与效益的比较原则，选择成本最低而安全保障效益最大的风险处理方案。

②风险管理决策属于不确定情况下的决策，因此，概率分布成为风险管理决策的客观依据，同时，决策者对风险的主观态度构成了风险管理决策的主观依据。

③由于风险具有随机性和多变性，在决策过程中，随时可能出现新的情况和新的问题。因此，必须定期评价决策效果并适时进行修正与调整。

④风险管理决策的绩效在短期内难以实现。由于风险较为抽象和隐蔽，其严重性只有在事件发生后才能清楚地反映出来。所以，整个风险管理决策过程比较复杂，并且在短时间内效果不一定会非常明显。

二、企业风险管理决策的原则与方法

（一）企业风险管理决策的原则

为了保证风险管理目标的实现，风险管理决策应该坚持以下原则：

1. 战略目标原则

风险管理决策应与组织的战略目标相一致并制定其决策目标，而且目标必须是积极、适当的。如若目标过低，则失去激励作用，组织也达不到战略目标；如若目标过高，则会使人丧失信心，达不到应有的效果。当然，当客观情况发生了大的变化时，目标要随之进行适当调整。

2. 经济性原则

任何管理决策必须以经济效益为中心，要以较小的成本代价取得最大可能的经济效益，风险管理决策也不例外。风险管理提供了一种与损失风险做斗争的科学武器，但这个武器的应用是需要付出一定成本的。风险管理决策应讲究效益与代价的关系，也就是说要讲究决策的收益和所花的代价问题。如果所花代价很大，但收效甚微，则应重新考虑进行该项决策的必要性。风险管理的总体目标是以最少的经济投入获取最大的安全保障。在决策过程中，应该以成本与效益相比较这一原则作为权衡决策方案的依据。在实际运作中，比较可行的方法是在获取同样安全保障的前提下，选择成本最小的决策方案。

3. 客观性原则

风险管理决策属于不确定情况下的决策，在决策过程中，会遇到很多不确定的风险变量，这就要求决策者要客观、实事求是地对决策变量进行分析，切忌主观臆测，这样才能做出合理的决策。

4. 满意性原则

在很多情况下，并不能找到获得风险收益的"最优"决策，这时只能选择一个令各利益相关者都感到"满意"但不是"最优"的决策方案。例如，如果一种风险管理决策方案就其所有特性而言在其他风险管理决策方案之上，就选择这种更让人"满意"的决策方案（虽然这种方案也不能使"效用最大化"）。

5. 字典编辑者原则

所谓字典编辑者原则，是指先给各风险管理决策方案的各个评价特性编号，再根据重要性依次对各方案的评价特性进行评价，以此决定方案的选择。假设 X_1 和 X_2 是等同的，则比较次一级重要的评价特性，以此类推得到满意方案。

（二）企业风险管理决策的方法

风险管理决策是贯彻和执行风险管理目标的重要步骤，风险管理决策技术是风险管理决策所运用的技巧和方法。这些方法的使用可以使管理决策建立在科学分析、论证的基础上，可以提高风险管理决策的效率，防止风险管理决策中的偏差和失误，下面分别介绍一些风险管理决策的方法。

1. 风险过程决策顺序图法

风险过程决策顺序图法是指为了完成某项任务或达到某个目标，在制定行动计划或进行方案设计时，预测可能出现的障碍和结果，相应地提出多种应变计划的方法。在计划执行的过程中，遇到不利的情况时，仍然可以按照第二、第三方案或其他方案进行，以便达到预期的风险管理目标。

在确定风险管理措施时，风险管理单位可能未将所有可能发生的风险事故全部考虑进去，但是，随着风险管理决策的实施，原来没有考虑到的风险可能会逐步地暴露出来，或者原来没有想到的方法、方案已经逐步形成。因此，必须根据新情况、新问题，再重新考虑风险管理方案，增加新的方案和措施，修改已经做出的决策。

风险过程决策管理图法的优点在于以下四个方面：

①可以从全局而不是局部掌握风险决策系统的状态，可以做出全局性的决策，避免某一过程的决策与整个系统的决策相矛盾。

②可以按照时间的先后顺序掌握风险系统的进展情况，观察风险系统的变化，预测整个系统可能发生的重大变化，以便及时选择适当的风险管理对策。

③可以发现风险管理决策的问题。在密切注意风险系统进展的同时，风险决策顺序图法能够发现产生风险的状态和原因，以便选取合适的风险管理决策方案。

④可以发现未曾注意到的风险因素，可以不断地补充、修改以往的风险管理决策方案，使风险管理决策更适应风险管理实务发展的需要。

2.决策树图法

决策树图法是风险管理决策的重要分析方法之一。决策树图法就是将风险管理的目的与各种可供采取的措施、手段和可能出现的风险事故概率，以及可能产生的效果系统地展开，绘制成决策树图，寻求最佳的风险管理措施和手段。应用决策树图法分析多级决策，可以达到层级分明、直观易懂、计算手续简便的目的。

（1）决策树的结构

决策树是以方块和圆圈为节点，通过直线连接而成的形状像树枝的结构。方块节点被称为决策点，由决策点划出若干条直线，每条直线代表一个方案，又称为决策枝。圆圈节点代表自然状态的节点，从这个节点引出若干条直线，表示不同的自然状态，这些直线又称为概率枝。在概率枝的末端，列出在不同的自然状态下的收益值或损失值。决策树一般用于问题比较多，而且具有多种方案和多种自然状态的风险情况下的决策。因此，决策树图形由左向右、由简而繁地组成一个树状的图形。决策树不仅能够表示出不同的决策方案在各种自然状态下的结果，而且显示出决策的全过程，结构形象、思路清晰，是帮助决策者进行决策分析的有力工具。

（2）绘制决策树的步骤

绘制决策树主要有以下四个步骤：

①搜集各种风险管理方案。为了达到预定的风险管理目标，必须集思广益，提出必要可行的风险管理方案，并依次记录下来。然后，从比较重要的方案开始，按顺序思考，并提出改变风险事故发生条件的有效方案。

②评价风险管理的方案。在广泛搜集各种风险管理方案的基础上，需要对提出的方案逐一进行评价，即评价每项方案是否适当、可行或者是否需要经过调查才能确定。在有限的风险管理方案中，也要对风险管理方案进行评价。一般来说，评价风险管理方案可以分别用符号"〇"、"△"、"×"来表示。"〇"表示风险管理方案是可行的；"△"表示风险管理方案需要调查以后，才能确定是否可行；"×"表示风险管理方案是不可行的。

在对风险管理方案进行评价时，需要注意以下几点：a.不要用粗浅的认识进行评价，不要轻易否定别人提出的管理方案，对这些管理方案要反复推敲、思考和调查。有些风险管理方案，初次提出时看似不行，而实践会证明其是可行的。b.越是新的、别人不曾使用过的风险管理方案，越容易被否定。但是，实践证明，这些风险管理方案被实施后，其管理效果往往会更好。因此，需要慎重对待一些新的、不曾使用过的风险管理方案。c.在进行风险管理方案的评价过程中，往往又会出现新的设想和方案，需要不断地补充和完善已有的方案。

③决策树的绘制。为了实现风险管理目标，在绘制决策树时，应该将要达到的风险目标与相应的管理方案结合起来。如果这些管理手段、方案还不能被变为具体的措施，则必须对下一步骤的手段和方案展开分析，直到风险管理方案可行为止。例如，某公司是从事书籍装订和生产的专业厂家，在作业时，从布幅方向发生断裂的不合格品每月平均有 60 件，而一旦发现不

合格产品，与其相关的作业就必须停机，每一件不合格品就会造成 80 ~ 90 米布的报废。根据这一风险事故，可以将风险管理目标确定为降低因断裂而造成的不良影响。根据不同的情况，在评价风险管理方案的基础上做出风险管理决策树图。

④选择风险管理方案。每种风险管理决策方案后都有风险管理方案的可行性评价。运用决策树和相关的评价，可以选择具体的风险管理方案，并逐一实施。

（3）决策树的种类

按照决策活动的阶段划分，决策树有单阶段决策树和多阶段决策树，下面逐一介绍这两种决策树。

①单阶段决策树。单阶段决策树是指需要进行决策的风险管理方案只需要进行一次决策活动，就可以选出理想的决策方案，从而达到风险管理决策的目的。

②多阶段决策树。如果所需要解决的问题不能通过一次决策来解决，而需要一系列的决策活动才能选出最优方案，达到最后决策的目的，就是多阶段决策。

在风险管理决策的过程中，为了达到某种风险管理的目的，就需要选择某一种手段，而为了采取这一手段，又需要考虑下一级的相应手段，这样，上一级手段成为下一级行动的目的，目的与手段之间的相互关系可以用图表示出来。采取这种方式，将要达到的目的和所需手段的顺序层层展开，直到可以采取措施为止，将这一过程绘制成决策树图，这就是多阶段决策树。

（4）决策树的优缺点

决策树的管理方法，可以把需要决策的问题的全部解决方案和可能出现的各种状态，都形象地显现在全部的决策过程中，可以使风险管理者明晰解决问题的方案。使用决策树决策风险管理方案的优点是：思路清晰、逻辑性强，特别是针对复杂问题的多阶段决策，能够使风险管理决策的各阶段层次分明、思路明晰，便于决策单位集体讨论，做出较为正确的、符合实际的决策。可见，决策树是风险管理决策人员进行决策的十分有效的工具。使用决策树的缺点是：需要针对决策方案做出正确的判断，如果有关决策者的判断失误，就会影响到风险决策管理的效果。

3. 损失期望决策法

损失期望决策法是以损失期望值作为风险管理决策的依据，在较多的风险管理方案中，选择损失期望最小的风险管理方案。任何一种风险管理方案都不可能完全消除损失，要选择最佳的风险管理方案，需要进行损失期望决策分析。

（1）损失概率无法确定时的决策方案

风险管理者进行损失期望决策分析时，需要以往发生损失的相关统计资料，如损失程度或者损失概率的经验资料等。但是一些风险管理单位往往缺乏这方面的统计资料，在损失概率、损失程度资料无从获得的情况下，可以采取两种不同的原则来确定风险管理决策方案。

①最大损失最小化原则。最大损失最小化原则是指比较各种风险管理方案在发生风险事故的情况下所造成的最大可能损失，选择造成损失最小的方案为风险管理的方案。

②最小损失最小化原则。最小损失最小化原则是指比较各种风险管理方案在不发生风险事故的条件下的最小损失额（如管理方案的费用、技术控制成本、保费等），选择造成损失最小的方案为风险管理的措施。

期望损失决策方案的优点是：确定了风险事故可能造成损失的边界，即风险事故可能造成的最大损失和最小损失，为风险管理决策提供了重要依据。但是这种决策方法存在着一定的缺陷，因为风险管理实务中大多数风险事故造成的损失介于最大可能损失和最小可能损失之间，这样的计算难以真正反映风险造成损失的情况，这也就极大地限制了两个原则在风险管理决策中的运用。

（2）损失概率可以确定时的决策方案

根据以往风险事故发生的数据统计资料，可以确定不同损失发生的概率，就可以选择适当的决策原则，确定适当的风险管理方案。在损失概率可以确定的情况下，采取风险管理决策的原则是期望损失最小化。

按照预期损失最小化原则，以确定期望损失值为依据，选择风险管理方案的方法在风险管理决策中得到了广泛的应用。但是这种方法仍然存在着一定的局限。期望损失值法没有考虑同一损失对不同风险管理单位带来的影响是不同的。例如，10万元的损失对于一个小企业来说，可能会影响其经营的稳定，而对于一个大企业来说，造成的影响可能是微不足道的。可见，不同的风险管理单位对于同一损失的态度是不同的，这种主观态度的差异是难以用损失期望来度量的。

4. 效用期望值决策法

虽然利用损失期望值作为决策的依据，选择风险处理的最佳方案的方法适用范围较广，但在有些情况下显得很不合理，尤其当忽略忧虑成本因素的影响或者忧虑成本难以确定时更是如此。众所周知，风险管理决策是由人做出的，那么决策人的经验、胆略、判断力、个人偏好等主观因素不能不对决策产生重大的影响。忧虑成本的讨论使得用损失期望值的决策方法更为完善，但忧虑成本既难以确定，又不能完全反映决策者个人的主观意愿及对待风险的态度。效用理论的产生及其在风险管理决策中的应用，则可以较好地帮助人们解决这一问题，同时，研究和探讨效用理论的实际作用也可以揭示决策者个人的主观意愿及态度对风险管理决策的重大影响。

效用理论是结合经济学的效用观念和心理学上的主观概率所形成的一种定性分析理论，由英国经济学家边沁于19世纪最先提出。他认为决策的最终目的在于追求最大的正效用而避免负效用。后来，伯努利把这一理论推广，认为人们采用某种行动的目的在于追求预期效用的最大化，而非追求最大的金钱期望值。20世纪中叶，这一理论被进一步推广，运用于含有风险的有关决策乃至风险管理决策。20世纪60年代，波奇和迪格隆还提出了一系列损失发生时的效用函数[1]。于是，日益成熟的效用理论被引入不确定性情况下行为方案的选择。另外，效用理论还被用于保险企业的经营管理，例如制定费率、确定自留额等，效用理论在风险管理决策中的作用越来越重要。效用分析法就是通过对风险处理方案损失效用的分析进行风险管理决策的方法。

（1）效用的含义

所谓效用，是指决策人对待特定风险事件的期望收益和期望损失所持的独特的兴趣、感觉或取舍反应，是衡量人们对某种事物的主观价值态度、

---

① 何叶荣,李慧宗,王向前,王亮.企业风险管理[M].合肥:中国科学技术大学出版社,2015.02.

偏爱、倾向等的一种指标。效用在这里代表着决策人对特定风险事件态度，也是决策人胆略的一种反映。效用值以量化的指标反映决策人的这种态度和胆略，一般可将效用值界定在 0 与 1 之间，即 0 <效用值< 1。

（2）效用函数和效用曲线

①效用函数。决策人在某种条件下对不同的期望值所具有的不同的效用值便构成了效用函数关系。设 U（x）表示效用函数，E[U（x）] 表示效用函数的期望效用，效用函数的预期效用与效用函数的关系可以表示为：

$$E[U(x)] = P_1 \times U(x_1) + P_2 \times U(x_2) + \cdots + P_i \times U(x_i) \quad （3\text{--}14）$$

其中，P_i 是 x_i 发生的概率。

②效用曲线。将效用函数关系在平面直角坐标系中绘出，就形成了效用曲线。通常用横坐标表示期望值，用纵坐标代表效用值，如图 3-1 所示。

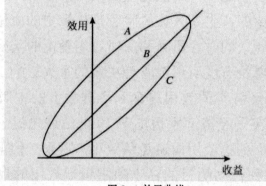

图 3-1 效用曲线

与效用函数相同的是，不同的决策者有不同的效用曲线，代表人们对风险的不同态度。通常，根据人们对风险的态度不同，效用曲线可以分为三种类型。

第一类为风险回避型，又称保守型，在图 3-1 中以曲线 A 表示，它反映效用函数具有减速递增性质，即随着收益值的增大效用也递增，但递增的速度则渐趋缓慢。这一现象表明决策者对损失特别敏感，而大量收益则没有太大吸引力，决策者认为实际收入的增加比例小于效用值的增加比例。这样的决策者对风险持谨慎态度，极力予以回避。

第二类为风险中立型，又称中间型，风险决策者认为他的实际收入和效用值的增加成等比关系。

第三类为风险喜好型，又称冒险型，风险决策者对实际收入增加的反应比较敏感，即认为实际收入的增加比例大于效用值的增加比例。

③效用期望分析的运用。风险管理决策，其实质在于对风险损失结果的比较和选择，一般投资都会考虑到风险收益结果，这样就使效用理论的应用更加明确和具体。效用期望值决策方法与损益期望值准则决策法很相似，只不过前者所依据的是效用的期望，而不是损益值的期望。运用这一方法，首先确定各损益值的效用，先求出决策者的效用曲线，然后在曲线上找出各权益值对应的效用值，将损益值表转换成效用值表，计算出各方案的效用期望值并进行比较，然后确定最优方案。

a.效用值的确定。从以上对效用函数及效用曲线的介绍来看，最关键的问题在于获得对于特定的期望值所具有的效用值。那么，如何求得这些效用值呢？效用理论是关于决策者个人的心理和行为反应的定性决策理论，因此，对决策人具有的效用值通常可采用问卷调查、询问和心理测试等方法得到。通过询问调查法，了解决策者对不同金额货币所具有的满意度（采用0与1之间的界定方法，即$0 \leqslant$效用值$\leqslant 1$），然后计算不同方案的效用期望值，以决定方案的取舍。

b.风险管理目标。若最大损失结果的效用值为1，最小损失结果的效用值为0，其决策目标是以损失期望效用值最小的方案为最佳方案。相反，若将可能出现的最小损失结果的效用定为1，最大损失结果的效用值定为0，其决策目标则以损失期望效用值最大的方案为最佳方案。可见，对效用值的不同规定，将直接影响决策方案的选择。

三、企业风险管理决策流程

概括地说，企业风险管理决策的制定与实施要遵循以下流程：

（一）确定风险管理目标

以最小的成本获得最大的安全保障是风险管理的总目标，也是风险决策必须遵循的基本原则。在进行风险管理决策时，首先应根据实际的状况，在风险分析的基础上，依照其所面临的风险损失及其程度确定组织的损失后目标与损失前目标。

（二）进行风险源识别

所谓风险源识别是指在收集相关资料基础上，运用特定方法，系统识别影响企业风险管理目标的各类风险，加以判断、归类、鉴定的过程。例如在建设工程招投标中，建设工程招投标风险识别，就是对影响建设工程招投标目标进行而导致无法顺利实施项目、达到预期经济社会收益的各种风险进行判断、归类、鉴定。

（三）拟订风险处理方案

风险处理方案是指所选择的风险处理手段的有机结合。可供选择的风险处理手段总体上可分为风险控制手段和风险财务手段。在处理风险的众多手段中，风险控制具有独特的地位和作用，尤其是在风险自留困难很大、避免风险和投保又不可能的情况下，显得更为重要。这是由风险的投机性决定的，也是风险管理区别于一般风险管理的地方。

（四）选择风险处理最佳方案

在风险管理决策中，不仅要针对风险的特定情况和企业的经济状况拟订风险处理方案，更重要的是通过比较分析，明确哪些是主要的风险处理手段，哪些是次要的和起补充作用的处理手段，以及每一种手段的特点和运用程序，从中选出最佳方案以达到各种处理手段的最佳组合。

（五）方案实施

风险管理方案选定之后，必须付诸实施。可以在企业内部组织人员来进行运作，这些人可选自风险管理部门或是其他部门，也可以跨部门配合，进行统一协调等。

（六）方案实施效果评价

风险管理实施效果评价的任务是客观地评价风险管理决策方案，分析风险管理决策所导致失误偏差的程度，这不仅可以提高风险管理决策的有效性，充分有效地利用资源，还可以防止或者减少风险事故的发生。

风险管理决策效果的评价包括以下四方面的内容：

1.评价风险管理决策的效果

风险管理决策效果评价主要评价风险管理措施是否降低了风险事故发生的频率，是否降低了风险事故造成的损失幅度，这是风险管理决策效果评价的首要任务。如果已经采取的风险管理措施对于防止、减少损失发挥了很大的作用，则采取的风险管理措施是可行的；反之，则是不可行的。

2. 评价风险管理决策的科学性

风险管理决策是否可行，需要风险管理的实践来检验。如果风险管理决策有助于降低风险事故造成的损失，则其风险管理决策是有效的。

3. 评价风险管理者的管理水平

风险管理者的知识结构、经验和业务水平是否适合风险管理的需要，风险管理是否适合风险管理组织经验活动，通过风险管理决策效果评价便可以得到。

4. 评价风险管理决策的执行情况

风险管理措施的执行情况，直接影响风险管理决策的效果。风险管理措施执行中的任何偏差，都有可能导致风险管理的失败。因此，评价风险管理决策的执行情况是风险管理决策效果评价的重要方面，不仅有助于风险管理决策措施的实施，还有助于改进风险管理决策执行中的失误，强化风险管理措施的执行。

第四节 企业风险管理方法与程序

一、企业风险管理方法

（一）企业风险管理方法的概念

风险管理方法是风险管理单位以实现风险管理目标为目的所采用的风险管理的各种手段和技术。

（二）企业风险管理的基本方法

风险管理的基本方法主要有两个：一个是控制法，一个是财务法。

控制法，就是在损失发生之前，通过各种管理和组织手段，力求消除各种风险隐患，减少导致风险发生的因素，将可能发生的损失降到最低。

财务法一般是事后的风险管理。所谓财务法，就是如果风险已经发生了，已经造成了损失，企业如何利用各种财务工具，尽量地保障企业生产、运营能够正常进行，或者使企业能够在短时间内恢复正常的生产和经营秩序，对损失的后果给予补偿。比如，有风险自保资金、准备金、商业保险等事后风险防范措施。财务法主要是用财务工具来尽快地恢复正常的生产经营秩序。

下面我们来详细探讨这两个风险管理的基本方法。

1. 风险管理控制法

风险控制主要包括两个方面：一是避免风险，二是排除风险。

（1）避免风险

避免风险是指放弃或者拒绝可能导致比较大风险的经营活动或方案。其实企业经常在自觉或不自觉地使用这个方法，比如企业如果觉得某个投资项目、经营决策风险太大，就可能自然放弃，不去从事这个项目或者不去从事这个经营，这就叫避免。避免是一种被动的、消极的风险控制方法。避免风险是在风险事件发生之前，采用回避的方法，完全彻底地消除某一特定风险可能造成的损失，而不是仅仅减少损失发生的可能性和影响程度，因而它的优点是比较彻底、干净利落。

避免风险的一个基本方法是终止某些现有的高风险的产品、服务的生产和新产品、新服务的引进，暂停正在进行的经营活动，挑选更合适的经营业务、经营环境。例如保险公司可采取此方法来取舍特定的保险产品。如果有的保险品种风险过高，经常有客户索赔，而且可能存在恶意欺诈，从而导致该保险产品使公司入不敷出，那么保险公司就有可能考虑终止这种产品的销售。再如，这些年美国的烟草公司时常陷入烟民的官司纠纷，承担巨额索赔，因而许多较小的烟草公司纷纷未雨绸缪，转向转基因产品等，这就是避免风险。避免风险的另一个基本方法是改变生产活动的工作方法和工作地点等。例如化工厂以惰性溶剂取代易燃易爆溶剂，可以避免爆炸的风险，从而避免潜在的风险。

避免风险的方法有很大的局限性：一是人们难以对风险事件的具体状况做十分准确的估计，不能确定风险事件是否应该实施避免；二是即使有很大的风险，人们依然不愿放弃该风险事件可能包含的盈利，所以，避免风险是一种消极的处理方式；三是风险避免在实践中很难完全实现。其实企业从事经营活动，风险是难免的，对于一些高风险的项目，企业可以采取避免法，但是对于绝大多数的经营决策，不能都采取避免法，因为避免风险的同时，也意味着损失了企业的利润。只要企业有经营活动，就不能完全避免风险。

只是对于部分项目、部分风险、部分经营活动，因为它的风险相对较高，企业可以采取简单的避免方法，主动放弃经营。

（2）排除风险

排除风险指在损失发生前，尽量消除损失可能发生的根源，减少损失发生的可能性，降低损失事件发生的概率。在风险事件发生后，减少损失的程度。

排除法的基本点在于遏制风险因素和减少风险损失，是风险管理中最积极主动也是最常用的处理方法，这种方法可以克服风险避免方法的种种局限。在这个过程之中，企业并不放弃某一项特定的方案和战略等，而是把它们可能带来的风险发生的可能性降到最低，把风险发生之后可能带来的问题减少到最小，这样既不会损害企业的利润，又可以很好地规避风险。

排除风险一般要经过以下阶段：分析风险因素、选择控制工具、实施控制技术、对控制的后果进行评估等。风险因素分析是研究可能引发风险的因素，从而从源头对风险进行治理；选择控制工具是从技术层面选择风险控制的方法和手段；实施控制技术则包括在人、财、物各方面进行控制，是风险控制的执行阶段。对控制的后果进行评估则是为了总结经验教训，进一步改善风险控制。

通常来说，排除风险措施主要有以下两种：

①调查措施，是指详细了解过去风险损失和经营事故发生的原因。调查和分析是风险管理的有效措施。调查事故和损失的原因，其实就是对前车之鉴的一个总结，目的是为企业的风险控制、企业决策提供一个科学的依据。

②损失防范措施，是指降低损失发生频率的措施。损失防范是一个贯穿于生产经营全过程的系统活动过程，在排除风险以至风险管理整体中有十分重要的意义。避免法是一个避免风险的方法，完全避免了风险，排除法仍然要承担一部分的风险，它是对风险进行排除、控制，减少风险发生的概率，减少风险带来的负面影响。

③减少损失的措施，是指损失发生后采取各种控制措施，以减少损失的幅度和范围，尽可能保护受损财产。在企业风险管理中，减少损失还应包括为应付实际的损失而制定的应急防范计划，该计划包括抢救措施及企业在

发生损失后如何继续进行各种业务活动的计划，旨在尽力减少组织的财产损失，这其实也是一种事后管理。

2. 风险管理财务法

许多风险是不可避免且其损失是事前难以预测的。因而当相当数量的损失后果出现时，如何有效地利用各种财务工具，及时有效地提供经济补偿，是风险管理的重要方法。一旦风险事件发生，并导致相当数量的损失出现时，我们如何稳妥地善后或减少财务损失的影响，便成了风险管理的重要课题之一。我们通常用各种财务工具和手段来减轻或化解潜在风险事件所带来的经济损失。风险管理的财务手段包括风险的自留、风险的转移、风险的对冲等。

（1）风险自留

风险自留亦即自担风险，是一种由企业单位自行设立基金，自行承担风险损失发生后财务后果的处理方式。运用风险自留方式需具备以下三个条件：

①企业的财务能力足以承担由风险可能造成的最坏后果，一旦损失发生，企业有充分的财务准备去弥补财务上的损失，不会使企业的生产活动受到很大影响。

②损失额可以直接预测，即风险标的致损以及可能的后果有较高的可预见性。如果企业无法预测损失可能发生的额度，那也就无法有效地使用风险财务工具。风险发生之后企业可能还是无法进行正常的生产经营活动，这就是一种盲目的冒险行为。

③在风险管理过程中无其他更好的处理方式可以选择。也就是说，即便企业有承担自留风险的能力，也未必是一种最好的方式。

（2）风险转移

风险转移指企业将其损失有意识地转给与其有相互经济利益关系的另一方承担，通常是因为另一方更有承担该风险的能力和意愿。在现代市场经济中，风险转移并不是一种不道德的或者是违法的行为，相反，它不仅是企业防范风险的合法手段，也是企业进行风险管理工作的重要手段。购买保险是一种最为普遍的风险转移行为。例如汽车保险的第三者责任险，肇事者的车撞了人，保险公司却来从事赔偿工作，就是一种典型的风险转移。又如金融市场上的期货交易，也可以作为风险转移的方法。再如，生产咖啡的农民，在春天的时候事先和厂家签订一份收购协议，约定等9月份咖啡生产出来的时候厂商从他这里收购100吨，每吨3 000元。根据协议，农民出产咖啡的利益是可以得到保障的，这样他的风险就下降了。事实上，农民把咖啡价格可能会下降的风险转移给了厂商，而厂商把咖啡价格可能会上升的风险转移给了农民。粗略来看，这对双方是公平的，因而风险转移不一定是一个贬义的概念。

转移一般有两种方式：其一是将可能遭受损失的财产转移出去，可能会引起风险及损失的活动；其二是将风险及其损失的财务结果转移出去，而不转移财产本身。在进行风险转移的同时必须付出一定的代价。比如，将贵重物品交给专门机构负责保管，将高风险的生产经营活动外包等，都可起到转移风险的作用。

在财务结果转移方式中，保险是最重要也是最常见的形式。其他财务结果转移的方式，称为非保险型风险转移，这里值得一提的是银行分散风险的方式。银行投资和证券投资具有很大的区别，证券投资可以选择不同的投资工具使风险分散，并且是很大程度的分散。银行经营活动不具有这种弹性，很多银行在某个地区经营，基本上只对这个地区的客户贷款，这样风险比较集中，就违背了分散风险的原则，实际上也就增加了银行从事信贷投资的风险。

（3）风险对冲

对冲在资本市场和金融市场上很常见，就是用现代的金融财务工具、衍生工具等调换的手段来降低风险。

我们把股票、债券、大额存单等叫做金融工具，把期权、期货等叫做金融衍生工具，顾名思义，衍生工具就是在基本工具上衍生或派生出来的工具。期货在现代企业风险管理中的应用非常广泛。比如，石油开采公司为了保证3个月后或者5个月后石油的价格稳定，可以做石油的空头，使石油按照某个固定的价格卖出去，而炼油厂为了保证几个月后可以通过一个稳定的价格买进石油，就做石油的多头，使石油按照某个固定的价格买进来。期权的使用也很广泛，就是花钱买进某种行使权，到时候可以将手中的股票或者外汇以某种固定价格卖出去。

一个典型的例子是跨国企业的收入问题。许多跨国企业的经营非常分散，在各个地方收入的货币并不相同，这使得公司的财务状况很不稳定，公司面临着各币种外汇牌价波动的风险，这时公司可以使用期货或者期权来规避牌价风险。用期货规避汇价风险的方式是事先大致预计好在国外各地各币种大致的收入，然后做相同币种外汇期货的空头，利用期权则是买进某币种在将来以某固定价格卖出的权利。这种控制风险的方式就是风险的对冲。我们在上面提到的生产咖啡的农民转嫁咖啡价格风险的例子中，农民利用的就是对冲方式。

二、企业风险管理计划编制

（一）风险管理计划的概念、特征与意义

1. 风险管理计划的概念

风险管理计划是风险管理单位以实现风险管理目标为目的，制订的各种风险管理方案。它是风险管理决策的重要依据，不仅能够为风险管理决策者提供多方面解决问题的思路，而且能够为风险管理措施的实施提供依据。

2. 风险管理计划的特征

风险管理计划具有以下三个方面的特征：

（1）风险管理计划具有综合性

风险管理计划是风险管理者在综合考虑风险管理单位的风险因素、损失构成、风险管理成本、风险管理收益、风险管理措施实施后的结果等多方面影响的基础上制定的，能够综合反映风险管理单位的风险状况，提出具体可行的风险管理措施。

（2）风险管理计划具有专业性

风险管理计划不仅是针对个别风险提出的处理方案，还是针对风险管理单位其他风险和关联性风险的组合，提出的具体风险管理方案。风险管理计划不仅涵盖了风险管理组织机构设置、岗位职责、内部控制，还涉及风险理财、风险管理规划、风险信息系统管理等方面的内容，具有较强的专业性。

（3）风险管理计划具有全面性

风险管理计划不仅综合考虑了风险管理单位所面临的各种风险、风险的轻重缓急、财务状况等因素，还考虑了风险管理单位的其他活动，风险管理者据此制定的风险管理计划，能够平衡风险管理活动与其他活动的关系，具有全面性的特点。

（4）风险管理计划具有主观性

风险管理者不但能够全面、综合地制定出反映风险管理单位状况的风险管理计划，而且能够提出具体可行的风险管理措施。尽管如此，风险管理计划仍会掺杂着风险管理者的风险偏好、经验、意见，也就是说，不同的风险管理者会制定出不同的风险管理计划。即使是针对同一风险事故，不同的风险管理者，也会制定出不同的风险管理计划。风险管理计划的主观性和多样性使风险决策管理变得非常重要。

（5）风险管理计划具有一定的稳定性

风险管理计划一旦被决策者采纳后，其执行就具有一定的稳定性，即使风险管理单位发生人员的变动，也可以保证风险管理措施的实施，并且表述具体、确定的风险管理方案可以为新员工提供工作指导。但是，这也并不是说，风险管理计划一旦确定，就是一劳永逸的。在风险管理计划实施的过程中，可能会遇到各种各样的问题，这就必须对风险管理计划进行评估和调整。为了使风险管理计划的调整有依据、更具科学性，需要对风险管理计划在实施过程中出现的问题做出较为详细的记录，并作出及时的报告。例如，管理问题发生的原因、产生影响的大小、发生频率的高低以及每次的解决方法等，越详尽的记录，越有利于风险管理计划的调整。

3. 风险管理计划的意义

（1）风险管理计划能够反映管理者的风险管理理念

风险管理者在风险的偏好、承受度、管理有效性的标准等方面认识的不同，能够通过风险管理计划反映出来。不同类型的风险，具有不同的风险管理方法，相同的风险，由于所处环境不同、风险管理计划制定者不同、风险管理目标不同，风险管理者所采取的技术和手段也是不同的，风险管理计划能够反映出风险管理者的管理思想和管理理念。

（2）风险管理计划是企业风险管理的行动依据

一般来说，风险管理计划是以书面的形式撰写的，这样可以准确地传达风险管理部门的管理意图，并可以通过一定的渠道传达给员工，使员工在执行的过程中能够理解风险管理的意图。风险管理方案被风险管理决策者采纳后，就是风险管理决策执行单位的行动依据。从这一角度来看，风险管理方案决定着风险管理的效率和效果。当然，有些风险管理计划在执行过程中会出现一些问题或者偏差，需要进一步调整和修改。

（3）风险管理计划能够反映企业的风险承受能力

一般来说，风险管理计划的确定是以一定的风险管理资金投入为支撑的，风险管理方案在风险管理成本、收益方面的考量，能够反映出风险管理单位的风险承受度。

（4）风险管理计划可以协调各部门之间的关系

风险管理计划介绍了各部门在风险管理中的工作任务、职责和权利，可以协调风险管理单位各部门之间的关系，有利于风险管理措施的实施。

（二）企业风险管理计划编制的原则和程序

1. 企业风险管理计划编制的原则

风险管理计划的编制不是盲目的，必须遵循一定的原则，这些原则是风险管理计划具有科学性、合理性的基础。风险管理者在制定风险管理计划时，需要遵循以下四个方面的原则：

（1）可操作性原则

风险管理计划是针对已经识别的风险因素、风险源和风险暴露，制定相应的风险管理措施，这些措施应该具有可操作性。如果风险管理计划中提出的管理措施不具有可操作性，那么，风险管理计划的执行单位就会感到无所适从，就会影响到风险管理单位的管理绩效。

（2）经济合理原则

风险管理计划涉及的工作和措施，应该力求管理成本的节约，力求以最小的成本达到管理信息的流畅、管理方式的简捷、管理手段的先进。同时，风险管理计划中确定的管理成本应该是风险管理单位能够承受的。

（3）有效性原则

风险管理者制定的风险管理计划，应该能够解决风险管理单位的避险和保障需求问题，并且能够直接解决风险管理单位面临的具体管理问题，这些风险管理措施对于满足风险管理单位的保障需求是有效的。相反，如果风险管理计划实施后，风险事故依然不断发生，则说明风险管理计划的有效性较弱。

（4）主动性原则

风险管理前期的工作是识别风险、衡量风险和评价风险，风险管理后期的工作是规划、决策、实施和评价风险管理计划。在风险管理计划规划的过程中，风险管理者应该遵循主动控制、事先控制的原则，根据不断发展变化的环境、条件和不断出现的情况、问题，及时采取相应的措施，调整风险管理计划。只有这样，才能预防风险、减少风险事故造成的损失。

2. 企业风险管理计划编制的程序

风险管理计划的编制，大致需要经过了解风险管理单位所面临的风险种类、保障需求和风险管理目标、风险管理资金支出、制定风险管理总体规划、制定风险管理具体计划这几个步骤。

（1）了解风险管理单位所面临的风险种类

风险管理者制定风险管理计划时，首先需要了解风险管理单位的保障需求和风险管理目标。针对风险管理单位的保障需求、保障目标，以及需要管理的风险状况，确定风险管理的大致思路。其次，需要对风险管理单位面临的风险有一个全面的把握，确定风险管理单位面临的风险种类，评价风险的轻重缓急，确定风险管理技术。

（2）估算风险管理资金支出

风险管理单位拥有的资金数量、能够承受的风险管理成本等，是风险管理者制定风险管理方案前必须考虑的内容。在风险管理总体规划制定之后，就要对风险管理单位完成计划的资源做详细的评估，其中，包括完成风险管理工作需要的人员、设备和材料等，并进行量化分析。最后，需要制定出风险管理资源消耗计划，必要时，可以大致地确定风险管理每一阶段所需要的资源、资金总量。

（3）制定风险管理总体规划

风险管理的总体规划达到风险管理的目标是至关重要的，风险管理总体计划主要是用来确定风险管理取得的成果、风险管理的阶段，以及各阶段需要完成的主要工作任务。

（4）制定风险管理具体计划

制定风险管理具体计划是风险管理方案的核心内容，是对风险管理总体规划的进一步说明，具有重要的实践意义。关于风险管理具体计划的制定，在本章后面做更为详细的讲述。

（5）实施计划，并对计划实施效果进行评估与反馈

计划制定好就好实施计划，通过对计划的实施效果进行评估，找到计划制定可能存在的不足，进行反馈，为下一轮计划的制定提供参考。

3. 企业风险管理计划的内容

一般来说，风险管理计划主要包括以下六个方面的内容：

（1）风险管理概况

风险管理计划首先需要介绍风险管理单位的基本情况、风险管理的目标、已经采取的风险管理措施、产生的效果等。这些基本情况的介绍，不仅有利于计划执行者全面了解风险管理的基本情况，还有助于风险管理计划的确定。

（2）风险识别

风险管理方案需要介绍风险管理单位所面临风险的主要类型、风险源以及风险事故预计发生的地点、造成的影响等，可以为制定具体的风险管理方案提供依据。

（3）风险评估

风险管理方案需要介绍风险分析和评估的结论，这些结论包括定性分析和定量分析的结论、风险重要性的排序等，可以为制定具体的风险管理计划提供依据。

（4）风险管理计划和对策

针对具体的风险，根据风险重要性的排列，风险管理者可以确定管理风险的方法、所需物资和资金、所需人员、完成计划的时间和工作进度，有关这方面的计划应该详尽、具体，避免模棱两可、模糊不清。为了保证风险管理成果得到风险管理监控部门的认可，需要大致确定风险管理方案验收的时间，这可以督促有关执行单位按期完成风险管理工作计划。

（5）风险管理计划涉及的单位和部门

在风险管理计划中，需要说明计划实施所要涉及的主要部门和各部门在风险管理方案中的地位、作用和相互关系，以及风险管理计划的直接领导者、各部门的主要负责人及其职责和权利。

（6）风险管理工作的检查和评估

风险管理计划应该包括风险管理进度实施情况的检查、风险管理措施实施效果的评估，以便风险管理部门能够针对风险管理计划中存在的问题，及时作出必要的修改，预防风险管理资金的损失和浪费，提高风险管理的效率。

（三）企业风险管理计划编制应注意的问题

①风险管理计划只是预期的计划，这种计划并没有付诸实践。风险管理计划真正付诸实施，需要风险管理决策者在诸多风险管理计划中选择适合风险管理单位状况的计划，风险管理计划的实施依赖于风险管理决策。

②风险管理计划越接近实际，越能够解决风险管理单位的实际问题。相反，如果方案制定者不了解风险管理单位的实际情况，其制定的风险管理计划无论多完备，也是不切实际的。

③风险管理计划不是一成不变的。随着经济、科技的发展，随着国家法律法规的不断完善，风险管理单位面临风险的种类也在不断地发展和变化，这就决定了风险管理者制定的风险管理计划也不是一成不变的，需要不断地修改和完善。

三、企业风险管理计划实施

（一）风险管理计划实施的特点

风险管理计划的实施是指风险管理计划运用到风险管理实践的过程，风险计划实施的有效性，影响着风险管理决策的效果。如果说，风险管理计划的编制还处于计划阶段的话，那么，风险管理计划的实施则是风险管理计划由计划变为现实的过程。风险管理计划的实施具有以下四个方面的特点：

1.目标的导向性

风险管理计划的实施是以风险管理目标为导向的，是以风险管理计划为实施依据的。脱离风险管理目标和风险管理计划而实施的风险管理措施，往往会偏离风险管理的目标，进而不能发挥风险管理的功能。

2. 灵活性

风险管理计划的制定只是初步的计划，而风险管理计划的实施则是将风险管理计划付诸行动。在风险管理计划执行的过程中，可能会遇到许多风险管理计划中没有考虑到的问题，这就需要在风险管理计划的实施过程中灵活处理。

3. 阶段性

一般来说，风险管理计划是某一段时间内完成的风险管理计划，由此决定了风险管理计划的实施具有时间上的阶段性，即在某一时期内执行某一风险管理措施。

4. 连续性

风险管理单位的活动具有一定的连续性。例如，某一工序干完以后，才进入下一个工序。风险管理单位活动的连续性，决定了风险管理计划的实施也具有内容上的连续性。

（二）风险管理计划实施的作用

1. 是实现风险管理目标的途径

风险管理计划制定后，需要风险管理计划的实施才能实现风险管理的目标，风险管理计划的实施是实现风险管理方案的途径，也是检验风险管理方案的唯一标准。

2. 是后续决策的重要依据

风险管理计划实施后，其结果是风险管理者制定后续风险管理计划的重要依据。风险管理计划按原计划实施后，如果达不到预期的风险管理目标，就说明风险管理计划存在着一定的缺陷，需要进一步修改，相反，则可以继续实施原来的计划。

3. 可以为制定新的风险管理措施提供依据

在风险管理计划实施的过程中，常常会遇到许多没有预见过的问题，而风险管理计划的实施往往能够提供新的风险管理措施，而且这种来源于实践的风险管理措施更具可靠性。

（三）风险管理计划实施的步骤

风险管理计划的实施是否达到预期的目标和完成预定的任务，是风险决策管理的关键。对此，可以采取以下步骤：

1. 理解风险管理计划

风险管理执行单位应该透彻地理解风险管理计划，理解本单位、本部门在风险管理中的作用和主要工作任务，对风险管理计划中的每一个问题、每一个细节都要认真理解，避免理解上的错误和遗漏。

2. 建立执行风险管理任务的方案

针对上级风险管理部门下达的风险管理任务，本单位、本部门应该制定详细的实施方案，并将工作任务的责任明确到每一个人。

3. 监控风险管理计划的实施

提高风险管理计划实施效果的方法是：建立有效的监控机制，保证方案的实施。这样，也可以随时发现风险管理计划在实施过程中的偏差。

4. 分析风险管理计划实施中出现的问题

造成风险管理方案实施出现偏差的原因主要有两个方面：一是管理环节太多，造成管理人员在执行过程中不知所措；二是员工素质不高，无法真正理解风险管理者的意图，造成风险管理计划的实施出现偏差。

5. 及时纠正风险管理计划实施的偏差

在风险管理计划的实施过程中，一旦出现偏差，就应该及时纠正，这样可以避免更大的偏差。

6. 实施或者调整风险管理计划

在风险管理计划实施的过程中，可能会出现管理计划与实际情况不适合的地方，就需要根据风险管理人员反馈的信息及时调整风险管理计划，反之，则需要进一步实施风险管理计划。

（四）风险管理计划实施出现偏差的原因

风险管理计划实施出现偏差会影响风险管理的规划，会造成风险管理资源的浪费。造成风险管理计划实施出现偏差的原因主要有以下四个方面：

1. 风险管理任务、目标和方法的变化

在风险管理计划实施的过程中，风险管理任务、目标和方法的变化是引起风险管理计划实施出现偏差的主要原因。

2. 环境变化

风险管理计划制定时所处的环境和风险管理计划实施时所处的环境往往是不同的，环境的变化是风险管理计划实施出现偏差的另一个原因。这也就要求风险管理计划制定者能够预见到环境的变化。

3. 认识变化

风险管理计划的实施者在认识和理解上的变化是造成偏差的人为原因。在风险管理计划制定的过程中，有些管理人员并没有意见，但是，在风险管理计划执行的过程中，有些管理人员的认识却发生了较大的变化，进而影响到风险管理计划的执行。

4. 政策变化

政府出台的法律法规、政策的变化，风险管理单位领导、决策者在认识上的变化，都会影响到风险管理计划的实施，进而出现实施上的偏差。

（五）解决风险管理计划执行偏差的措施

解决风险管理计划实施中的偏差，可以保证风险管理计划的实施，可以达到预期的风险管理目标。解决风险管理决策实施偏差的措施主要有以下四个方面：

1. 保持风险管理任务、目标和方法的稳定性

为了避免风险管理方案在实施的过程中出现偏差，风险管理决策者、风险管理组织者应该尽量避免风险管理任务、目标和方法的经常变动，保持其稳定性，这既有利于管理人员正确理解决策的意图，也有利于风险管理计划的实施。

2. 及时调整风险管理计划

根据风险管理环境的变化及时调整风险管理计划，是解决风险管理方案在实施过程中出现偏差的重要途径，可以提高风险管理工作的效率，避免不必要的浪费。

3. 提高风险管理者的素质和水平

风险管理者的管理素质和水平的提高，有利于风险管理决策的实施，可以减少风险管理计划实施的失误，保证风险管理决策计划的正确实施。

4.了解国家法律法规、政策的发展方向，保持领导者、决策者风险管理思想的稳定性

为了避免政策变化对风险管理计划实施带来的偏差，风险管理者应该了解国家法律法规、政策的发展方向，避免违反国家法律法规行为的发生；风险管理单位的领导者、决策者应该保持风险管理思想的稳定性，避免因主观随意性造成不必要的损失。

四、企业风险管理绩效评价

（一）企业风险管理绩效评价的概念和原则

1.企业风险管理绩效评价的概念

风险管理绩效评价是指对风险管理措施和处理手段的科学性、收益性和适用性进行分析、检查和评估。风险管理绩效评价是以风险管理措施实施后的实际结果为依据，分析风险管理手段和方法的科学性和适用性，分析风险管理的实际收益。风险管理绩效评价具有以下两个方面的作用：一方面有助于减少风险事故的发生，提高风险决策管理的水平；另一方面可以根据风险管理中存在的实际问题，提出一些建设性意见，改进风险管理措施，提高风险管理的收益。

2.企业风险管理绩效评价的原则

（1）全面性原则

风险管理绩效评价应当建立综合的指标体系，对影响风险管理绩效的各种因素进行多层次、多角度的分析和评判，避免以某一方面的评价代替全局性评价。

（2）客观性原则

风险管理绩效评价应当充分体现风险的特征，依据统一的行业风险管理标准，客观公正地评判风险管理的管理状况和成果。

（3）效益性原则

风险管理绩效评价应当以考察风险管理收益为重点，运用投入一产出分析法，真实地反映风险管理单位的管理能力和管理水平。

（4）发展性原则

风险管理绩效评价应当在综合反映风险管理成本、风险管理单位业务

状况和风险管理收益的基础上，客观评价风险管理的成果，科学预测风险管理未来发展趋势。

3. 风险评价与企业风险管理绩效评价的区别

（1）评价的阶段不同

风险评价是对可能发生风险事故的因素进行评价，是风险管理计划阶段的评价。而风险管理绩效评价则是风险管理计划实施结果的评价，是风险管理实施阶段的评价。

（2）评价的作用不同

风险评价的作用是为风险决策管理提供依据，其评价结论直接影响着风险决策管理。而风险管理绩效评价是风险管理决策执行情况的信息反馈，是风险管理效果的综合评价。通过风险管理绩效评价可以对风险管理的状况进行全面考察，分析其存在问题的原因，纠正风险决策管理中的失误，调整已经实施或者正在实施的风险管理措施，提高风险管理的水平。

（3）评价的依据不同

风险评价的依据是风险识别或者风险衡量的结果。经过风险评价，风险管理单位对风险因素、风险源的状况更加明确，这种评价属于事前评价。而风险管理绩效评价的依据是在实施风险管理措施以后风险事故发生的状况，这种评价属于事后评价。

4. 企业风险管理绩效评价作用

风险管理绩效评价的作用主要有以下三个方面：

（1）评价风险管理的收益

已经实施的风险管理措施，是否达到了预期的成果，决定着风险管理计划方案是否能够进一步实施。如果达到了，则以往确定的风险管理计划方案可以进一步实施，相反，则需要调整和修改风险管理方案。

（2）分析风险管理产生偏差的原因

如果风险管理措施达不到预期的目标，则需要分析产生偏差的原因，判断分析偏差是产生于风险识别、风险评价阶段，还是风险管理技术选择阶段，产生于风险管理计划方案的制定阶段还是执行阶段，可以有的放矢地解决风险管理中的问题。

（3）总结风险管理工作的经验和教训

总结风险管理工作的经验和教训，不仅可以提高风险管理的有效性并充分有效地利用资源，而且可以有效地防止或者减少风险事故的发生。风险管理绩效评估报告也是风险管理单位制定风险管理规划的重要参考。

（二）企业风险管理绩效评价的内容和程序

风险管理绩效评价的任务是客观地评价风险管理计划、评价计划执行的情况、评价风险管理计划方案带来的保障收益，并为确定下一步的风险管理计划提供指导。

1. 风险管理绩效评价的内容

风险管理绩效评价主要包括以下四个方面的内容：

（1）评价风险管理的效果

风险管理绩效评价主要是评价风险管理措施是否降低了风险事故发生的频率、是否降低了风险事故造成的损失，这是风险管理绩效评价的首要步骤。如果已经采取的风险管理措施对于防止、减少损失发挥了很大的作用，则采取的风险管理措施是可行的；反之，则是不可行的。

（2）评价风险管理科学性

风险管理计划是否科学，需要通过风险管理计划的实施来检验。如果风险管理计划有助于降低风险事故造成的损失，并有助于促进风险管理单位的进一步发展，如降低能源消耗、治理环境污染、减少工伤事故等，则其风险管理措施就是科学的、有效的；反之，则是无效的。

（3）评价风险管理者的管理方式和管理水平

风险管理者的知识结构、经验、业务水平和管理方式是否适合风险管理的需要、是否适合风险管理单位的经营活动，通过风险管理绩效评价可以得到说明。例如，针对风险管理成本、收益、管理方式、执行情况等方面的评价，就能够反映出风险管理方式中存在的问题以及造成问题的主要原因。

（4）评价风险管理执行情况

风险管理计划的执行情况，直接影响风险决策管理的效果。风险管理措施执行中的任何偏差，都有可能导致风险管理的失败。因此，评价风险管理理计划的执行情况是风险管理绩效评价的重要方面，它不仅有助于风险管理措施的实施，还有助于改进风险管理方案在执行中的失误，强化风险管理措施的执行，完善风险管理制度。

2. 风险管理绩效评价的程序

风险管理单位针对风险管理效果进行评价，大致需要经过以下三个步骤：

（1）制定风险管理绩效评价计划

制定风险管理绩效评价计划是风险管理效果评价的首要工作。风险管理绩效评价机构应当根据风险管理单位的具体特点，确定风险管理绩效评价的对象、范围、目标和评价方法，据此制定风险管理绩效评价的计划。风险管理绩效评价计划应该能够全面、完整地反映风险管理单位的风险管理效果。

（2）搜集与整理有关风险管理资料

风险管理绩效评价单位在进行评价时，需要搜集有关风险管理的资料和数据，根据风险管理的有关资料评价风险管理的绩效。风险的特点决定了风险管理的效果在短时期内是难以考察、评价的，需要长期的观察和大量风险管理资料的支持，这些数据可以为风险管理绩效的评价提供有益的参考。主要包括：风险管理的有关资料、风险管理措施实施后的有关资料、国家有关政策与规定方面的资料、有关部门制定的风险管理措施评价的方法、其他有关资料。

（3）编制风险管理绩效评价报告

风险管理绩效评价报告是风险管理绩效评价的最终成果。风险管理绩效评价人员应当根据国家有关部门制定的评价格式，将风险管理效果分析结果汇总，编制出风险管理绩效评价报告，并提交委托单位和被评价的单位。风险管理绩效评价报告的编制，必须坚持客观、公正和科学的原则，能够真实、全面地反映风险管理单位的管理效果。

（三）风险管理绩效评价的方法

风险管理绩效评价的方法有很多，而且各有特点。在风险管理绩效的实际评价中，可以将各种方法有机地结合起来，对风险管理措施进行系统地分析和评价。只有这样，才能达到评价风险管理绩效的目的。风险管理绩效评价的方法主要包括以下四种。

1.资料搜集法

资料搜集是风险管理绩效评价的基础工作，其质量与效率直接关系到风险管理绩效评价报告的质量，因而是风险管理工作的重要内容。资料搜集法通常有以下三种：

（1）专家意见法

专家意见法是指风险管理人员通过听取有经验、有能力的专家的意见来搜集资料，分析、评估风险管理绩效的方法。运用专家意见法进行资料搜集、评价的一般程序为：①资料收集人员编制征询意见表，并将所要征询意见的内容一一列于表中；②将征询意见表分别送给所选出的专家，由专家对风险管理措施进行评价；③资料收集人员将填好的征询意见表进行汇总、整理；④风险管理人员汇总、整理有关专家的意见并进行分析，从而对风险管理措施提出结论性的评价意见。

这种评价方法的优点是：风险管理评价的费用比较低，可以在较短的时间内获得风险管理的信息。

这种评价方法的缺点是：专家对风险管理措施的评价决定风险管理绩效的评价，专家客观、公正评价的前提条件是比较了解风险管理单位的状况，能够看到风险管理单位的问题和不足。

（2）实地调查法

实地调查法是指有关风险管理人员深入到实际中，通过现场考察进而搜集有关风险管理信息的一种方法。通过实地调查，可以对风险管理措施进行实地考察，并同有关管理人员进行交谈，这是一种简单易行的风险管理绩效评价法。

这种方法的优点是：实地调查搜集的信息量比较大，且具有真实、可靠的特点。

这种方法的缺点是：风险管理绩效的评价由风险管理人员的调查结果决定。这也就是说，风险管理人员的知识、经验和管理水平决定着风险管理绩效评价的结果。风险管理人员认识上的失误，会直接影响风险管理绩效评价的结果。

（3）抽样调查法

抽样调查法是指根据随机的原则，在全体（总体）调查对象中，随机选择其中的部分进行调查，并根据样本的调查结果去推测总体的一种调查方法。这种方法也是风险效果评价的一种方法。抽样调查法按照是否遵循随机的原则分为随机抽样和非随机抽样。

2.过程评价法

过程评价法是指将风险管理措施从计划、决策到实施各个环节的实际情况，都进行评价的方法。

这种评价方法的优点是：不遗漏风险管理的任何阶段，既可以发现风险管理中存在的问题，又可以将各项风险管理措施的实施情况（或风险管理阶段）同风险管理目标进行比较，分析产生问题的主要原因，进而进行风险管理绩效的评价。运用过程评价法可以确定影响风险管理成败的关键因素，可以为未来的风险管理方案的制定提供有益的借鉴。

3.指标对比法

指标对比法是指通过风险管理措施实施后的实际数据或实际情况同风险管理措施实施以前的实际数据或者实际情况进行比较的方法。例如，将风险管理措施实施后发生风险事故的实际损失同以往发生风险事故的实际损失进行对比，可以发现风险管理的效果，也可以为未来的风险管理提供数据依据。

4.因素分析成

因素分析法是指通过对影响风险管理措施实施的各种技术指标进行分析，进而进行风险管理效果评价的一种方法。在风险管理效果评价的过程中，评价人员应该对影响风险管理效果的各种因素加以分析，寻找出影响风险管理绩效的主要因素，并具体分析各影响因素对主要技术指标的影响程度。

第四章 企业财务风险管理

第一节 流动资产风险管理

一、现金管理：收付风险

（一）风险识别

1. 现金收付风险的来源

这里，现金是指库存现金、银行存款及其他货币资金。现金收付风险是指企业在生产经营循环中，无法按时回收到期的货款，或无法及时偿还到期债务的可能性。现金是企业最敏感、最容易出问题的资产。对现金收付风险的监控，是企业风险管理活动的一个重要组成部分。现金收付风险的来源很多，从微观上看，企业生产经营活动直接面对广大市场，客户信用水平千差万别，这是产生现金收付风险的外在原因。为降低资本成本，企业可能运用一些延期付款策略。另外，企业本身工作人员业务素质和道德素质不可能尽善尽美，管理制度可能存在的漏洞，是产生现金收付风险的内在因素；从宏观上看，利率市场和汇率市场的经常性波动都可能是企业现金收付风险的来源。

2. 现金收付风险的表现形式

（1）流动性风险

流动性主要是指企业按时偿还现有或潜在债务的能力。这种能力的获得途径包括企业拥有的自有资金，或将非现金迅速转化为现金资产，或从银行等金融机构获得的贷款额度等。缺乏流动性，无论是短期的还是长期的，都表明企业的经营情况出现了问题。实际上，流动性是许多中小企业倒闭的原因，尽管它们可能并不缺乏光明的前景。通常情况下，现金、银行存款、应收账款、存货等被视为流动资产，可以用于偿还债务，但相对而言，存货的流动性不够好，应收账款的流动性好坏也要具体分析债务方的信用水平或偿债能力。企业具有良好的流动性，有两个方面的好处：一是给往来合作方企业支付能力强的印象，可以增进相互间的信任程度；二是可以抓住潜在的投资机会，市场上可能出现极好的证券投资机会，或者企业生产所需原材料、机器设备的价格波动至谷底。如果企业拥有足够的货币资金，就能从这些交易中取得好的收益。

（2）道德风险

道德风险来源于组织内部工作人员和往来厂商对职业技能和职业规则的遵守程度。道德风险可能表现为心不在焉的职员对一张发票发了两次支票，或收到了客户支票却没有及时存入往来银行，或对到期应收账款没有及时追索等等。

（二）风险衡量

资金的流动性问题关系到企业的正常生产经营，短期投资要选择交易活跃、市场容量大的品种。道德风险是风险中最难以量化，也是出现突然性问题最大的环节，因此，管理人员要对下属工作人员和交易方的道德品质有清楚的认识，在条件相近的情况下要优先考虑聘用道德品质优良的员工或选择正直的交易伙伴。

对企业应付账款期限的影响因素主要是临时性资金周转，因此对应付账款要提前规划，及时筹措偿付资金。流动性问题关系到企业的正常经营，企业要注意不要为追求高收益而过多地购置流动性不强的资金，短期性投资要选择交易活跃、市场容量大的品种。

企业流动资产的数量按其功能的不同可以分成两部分：一是正常需要量，是指为满足正常的生产经营需要而占用的流动资产；二是保险储备量，是指为应付意外情况的发生在正常生产经营需要量以外而储备的流动资产。流动资产占销售额比重的多少是衡量流动资产风险很好的方法之一。

有的企业在安排流动资产数量时，只安排正常生产经营需要量而不安排或只安排很少的保险储备量，以便提高企业的投资报酬率；这便属于冒险的资产组合策略。采用冒险的策略时，企业的投资报酬率较高但风险比较大。

敢于冒险、偏好报酬的财务经理一般都采用此种组合策略。

企业的固定资产和流动资产，对企业的风险和报酬有不同的影响。较多地投资于流动资产，可降低企业的财务风险。这是因为，当企业出现不能及时偿付债务时，流动资产可以迅速地转化为现金以偿还债务。但是，如果流动资产投资过多，造成流动资产的相对闲置，而固定资产却又相对不足，这就会使企业生产能力减少，从而减少企业盈利。

总之，在资产总额和筹资组合都保持不变的情况下，如果固定资产减少而流动资产增加，就会减少企业的风险，但也会减少企业盈利，反之，如果固定资产增加，流动资产减少，则会增加企业的风险和盈利。所以，在确定资产组合时，面临风险和报酬的权衡。

（三）风险处理

现金收付风险处理的主要是预防流动性风险和道德风险，采用良好的内部控制制度对企业化解流动性风险和道德风险具有重要的作用，属于风险控制措施。内部控制制度的设计应以预防控制为主，注意体制牵制、程序制约、责任牵制。

1. 与会计制度有关的内部控制制度

第一，依据管理者的批准从事并完成经济业务；

第二，将全部经济业务以正确的数额及时记入适当的账号，根据会计制度规定编制、报送财务资料；

第三，经管理者的批准方可动用资产；

第四，对资产做出准确记录，将合理的间隔时间与现存的资产相比较，并对发生的任何差异采取适当的措施。

2. 与货币资金有关的内部控制制度

货币资金的管理和控制应当遵循如下原则：严格职责分工；实行交易分开；实施内部稽核；实施定期轮岗制度。具体要做到：

第一，货币资金业务职务分离；

第二，货币资金收入，现钞收入业务必须由两个以上职员处理；

第三，货币资金支出，应尽可能地用支票来支付；

第四，银行存款控制，所有银行存款账户的开立和终止需有正式的批准手续。

3. 与现金管理有关的管理策略

（1）现金集权管理与分权管理

①现金集权管理与分权管理的使用对象。

集权型财务政策在中到大型（跨国）公司内较为常见，主要是因为其拥有较强的经济实力和较多的财务专家。

分权型财务政策在小型公司内较为常见，这是因为小型公司缺乏资金来源和财务专家，且经营管理以灵活多变见长，因此多将财务管理的决策权授予子公司的经理。

②现金集权和分权。

集权型现金管理体现的是一种集团中心经营管理理念，它将海外业务看作国内业务的扩展。具体做法是，将集团公司内所有现金（或财务）政策的制定、执行、解释和业绩考核评价集中于总部的财务中心，现金政策包括款项的回收、付出、现金资金的使用等。

集权型现金管理的不足之处在于：

第一，容易挫伤子公司经营的积极性，因为强调资金的集中可能使子公司丧失良好的投资获利机会；

第二，使经营考核更为困难，因为部分子公司可能从总公司获得了低廉的资金支持，有些子公司则相反；

第三，资金的集中可能会受到子公司所在国家外汇的管制而无法实施。

分权型现金管理的优缺点和集权型管理的优缺点刚好相反，其有利于充分调动子公司的积极性，能处理好与所在国家、地区的关系，但不利于实现集团的整体利益。

（2）现金预算

①现金预算的类型。现金预算不是强制性的，除非银行或类似资金提供者要求企业这么做。从企业自身来说，是否贬值现金预算，取决于成本效益原则是否能得到满足。因此，现金预算可分为积极现金预算和消极现金预算，前者是企业主动对现金流动情况进行推测以满足提高企业经营管理水平的需要，而且随时对预算进行调整修订；后者则多用于监测企业是否具有良

好的流动性。

根据编制基础的不同，现金预算可以分为三类：以现金流量表为基础的现金预算；以资产负债表为基础的现金预算；以利润表为基础的现金预算。

以现金流量表为基础的现金预算主要是针对短期预测而言的，一般预测时间在一年以内。运用这种方法时要对预算期内的现金流入和现金流出进行预测，其中现金流入项目主要有销售收入、从金融机构获得的借款等，现金流出项目主要有销售成本、期间费用、利息支出等。需要注意的是，要经常将预算结果和实际情况进行对照，分析实际结果和预算的差异，不断修正和调整预算。

以资产负债表为基础的现金预算主要针对长期而言，更适合作为战略预算，涵盖的期间包括企业未来发展的若干年。这种预算主要根据企业近年来的发展速度（如资产保值增值率）进行预测。

以利润表为基础的现金预算适合长度为 1 ~ 2 年的中短期规划，它也是用年度的利润增长速度来预测下一年度的收入支出情况，进而对现金增长需求进行估计。

②现金预算的密度。现金预算的密度是指编制现金预算的时间跨度和编制时间间隔，即现金预算期间是一年以内的，还是超过一年的，编制的预算是按一周的时间间隔编制的，还是按月度、季度或年度编制的。现金预算的密度和企业的经营产品种类、行业特点、企业规模、编制人员的素质和经验等都有关系，而不是说周期越短、内容越详细越好。

③现金预算的空间范围。现金预算的空间范围是指编制现金预算是一个独立经营单位的，还是整个企业集团的，是母公司记账本位币的现金预算，还是包括所有子公司所在国货币比重的现金预算。

④现金预算的调整。作为积极现金预算，企业需要根据遇到的实际问题和获得的最新信息对现金预算不断进行调整和修订，特别是当初编制预算所假定的基础不再存在或假设前提不再成立时。

（3）现金回收与划转

①加速收款。为提高资金使用效率，企业应在不影响与客户关系和销售规模的前提下，加速应收账款的回收。加速收款可能遇到的问题有：如何

缩短客户汇款在途时间；如何缩短收到支票和存入往来银行的时间；加速收款增加的营业费用等。加速收款可能会损害企业和客户的关系，但只要企业给予客户的信用期限不低于行业的通常标准，对客户及时付款进行善意的提醒是必要的，因为即使是正直的客户也有可能有意无意地计划在款项到期的最后期限才付款。

②延期付款。当企业面临短期资金周转困难时，延期付款是一种可行的选择。因为对销售方来说，延期付款总要比失去一个客户更能让人接受。企业应认真考虑延期支付可能带来的后果，特别是供应商的财务状况和商业地位。因为延期付款是以供应商的现金流恶化为代价的，如果延期付款导致供应商降低服务标准或停止提供服务，而供应商是企业战略供应链上不可缺少的重要一环时，这样做显然得不偿失。

③与银行的关系

企业应与结算银行保持较为稳定的合作关系，除非往来银行的经营策略发生变化而有损企业的利益，或者银行提供的服务已无法满足企业快速发展的需要，或者转移账户可以给企业带来明显的经济效益，如结算上的便利、收费上的优惠等。与银行长期稳定的关系有助于企业实现现金账户的科学筹划，商业银行还有可能对关系较好的往来客户提供理财方面的个性化服务或建议。

二、应收账款管理：信用风险

在市场竞争日趋激烈的情况下，赊销成为企业扩大销售的重要手段，也就产生了应收账款。拖欠企业账款的客户日益增多，应收账款的回收难度也越来越大，给企业造成经营上的风险。因此，企业风险管理部门应与销售部门、财务部门对应收账款进行监控。对于存在的逾期应收账款，企业应加强催讨，争取及时收回债权。管理好应收账款，有利于加快企业资金周转，提高资金使用效率，也有利于防范风险，促进经济效益的提高。

（一）应收账款概述

1.应收账款的成因

应收账款是企业因销售产品、提供劳务等业务而向购货方、接收劳务的单位或个人收取的款项。形成应收账款的直接原因是赊销。虽然大多数企业希望现销而不愿赊销，但是面对竞争，为了稳定自己的销售渠道，扩大产品销路，减少存货，增加收入，不得不面向客户提供信用业务。商品与劳务的赊销、赊购，已成为当代经济的基本特征。

（1）为开拓市场和提高市场占有率，产品铺货量大

在产品进入市场的初期或厂商为了开拓新市场，产品生产者或代理商为了迅速占领市场，以便让广大消费者对促销的商品有全方位、近距离接触的机会，对产品的铺货率大大提高。大量的产品进入市场，对这部分进入市场的产品销售量是未知的。由于目前我国普遍存在"信用危机"，使很多投放出来的产品不能及时回收货款，形成应收账款。

（2）为完成销售目标，代理人扩大销售

在现代公司制企业中，存在着多级委托代理关系，投资人与经理人的目标不完全一致。作为经理人的经济收益是与其经营业绩挂钩的，在经营绩效指标体系和考核机制不完善的情况下，为完成或提高自身的销售业绩，销售经理与其下属人员容易达成一种默契，即不顾应收账款存在的风险而对外发货，扩大销售。因此，形成一些不必要的应收账款。

（3）赊销作为商业竞争的一种手段

市场经济的竞争机制迫使企业用各种手段扩大销售。除了依靠产品质量、价格、售后服务、广告等手段外，企业不得不以赊销、代销或其他优惠方式作为促销手段，以产生大量应收账款为代价来巩固经销商、争取客户和争取订单。如在建筑市场上，在投标市场还不规范的情况下，僧多粥少，投标价一压再压，甚至垫资干工程。企业明知有风险还不得不接工程，就必然形成一定的应收账款。

（4）销售与收款的时间差

因为产品发出后，货款结算需要一定的时间，一般企业发货与收款时间往往不同。再者，因结算方式不同，如用票据结算，资金往往也不能及时到账，也形成了实际上的应收账款。

这些因素都能给企业形成一定的应收账款。应收账款的积累会给企业资金的周转带来问题，还可能形成呆账，影响企业经济效益。

2.应收账款的利弊

（1）应收账款的优点

①扩大销售，增强企业竞争力。在市场竞争比较激烈的情况下，赊销是促进销售的一种重要方式。企业赊销实际上是向顾客提供了两项交易：向顾客销售产品以及在一个有限的时期内向顾客提供资金。在银根紧缩、市场疲软、资金匮乏的情况下，赊销具有比较明显的促销作用，对企业销售新产品、开拓新市场具有更重要的意义。

②降低存货风险和管理开支。企业如持有产成品存货，就要追加管理费、仓储费和保险费等支出，相反，企业如持有应收账款，就无须上述支出。因此，当企业产成品存货较多时，一般都可采用较为优惠的信用条件进行赊销，把存货转化为应收账款，以减少产成品存货，节约相关的开支。

（2）应收账款的弊端

①降低企业的资金使用效率。由于企业的物流与资金流不一致，发出商品、开出销售发票，货款却不能同步回收，而销售已告成立。这种没有货款回笼的入账销售收入，势必产生没有现金流入的销售业务损失，销售税金上缴及年内所得税的预缴，如果涉及跨年度销售收入导致的应收账款，则可产生企业流动资产垫付股东年度分红的情况。企业因追求表面效益而产生的垫缴税款及垫付股东分红，占用了大量的流动资金，久而久之必将影响企业资金的周转。

②夸大企业经营成果。由于我国企业实行的记账基础是权责发生制，发生的当期赊销全部计入当期收入。因此，企业账上利润的增加并不表示能如期实现现金流入。因此，企业应收账款的大量存在，虚增了账面上的销售收入，在一定程度上夸大了企业经营成果，增加了企业的风险成本。

③加速企业现金流出。赊销虽然能使企业产生较多的利润，但是并未真正使企业现金流入增加，反而使企业不得不运用有限的流动资金来垫付各种税金和费用，加速企业的现金流出。

a.流转税的支出。应收账款带来销售收入，并未实际收到现金，流转税是以销售为计算依据的，企业必须按时以现金缴纳。企业缴纳的流转税，如增值税、营业税、消费税、资源税以及城市建设税等，必然会随着销售收入的增加而增加。

b.所得税的支出。应收账款产生了利润，但并未以现金实现，而缴纳所得税必须按时以现金支付。

c.现金利润的分配也同样存在这样的问题。另外，应收账款的管理成本、应收账款的回收成本都会加速企业现金流出。

④延长了企业营业周期。营业周期即从取得存货到销售存货，并收回现金为止的这段时间，营业周期的长短取决于存货周转天数和应收账款周转天数，营业周期为两者之和。由此可看出，不合理的应收账款的存在，使营业周期延长，影响了企业资金循环，使大量的流动资金沉淀在非生产环节上，致使企业现金短缺，影响工资的发放和原材料的购买，严重影响了企业正常的生产经营。

⑤增加了应收账款管理过程中的出错概率，这样就增加了应收款的机会成本、收账成本和坏账成本，给企业带来额外损失。企业面对庞杂的应收款账户，核算差错难以及时发现，不能及时了解应收款动态情况以及应收款对方企业详情，造成责任不明确，应收账款的合同、合约、承诺、审批手续等资料的散落、遗失有可能使企业已发生的应收账款该按时收回的不能按时收回，该全部收回的只有部分收回，能通过法律手段收回的，却由于资料不全而不能收回，直至最终形成企业单位资产的损失。

（二）信用风险识别

1.信用风险的来源

任何时候，只要获得某一产品或服务而不需要立即付款，对提供产品或服务的公司而言就存在着信用风险。信用风险可能引起坏账损失、利息、成本和对延迟付款进行追踪调查的管理成本。一般企业的经营活动都要面对信用风险，最主要的原因是应收账款的存在。

2.信用风险的概念

信用风险是指在经济交往中，权利人与义务人之间由于一方违约或违法致使对方遭受经济损失的风险。常见的信用风险有两类：一类是债务人不能或不愿意履行债务而给债权人造成损失的风险；另一类是交易一方不履行义务而给交易双方造成经济损失的风险。

3. 信用风险的形式

信用风险是指在以信用关系为纽带的交易过程中，交易一方不能履行给付承诺而给另一方造成损失的可能性，其最主要的表现是企业的客户到期不付款或者到期没有能力付款，如果客户在没有正当的理由的情况下提出修改付款条件也可视为企业承担了信用风险。合理控制应收账款要求企业管理者根据企业实际情况确定信用销售的最佳额度，一方面，提高信用销售意味着企业会有相对较高的销售收入，另一方面，持有较高水平的应收账款，意味着同时发生较高的持有成本。

（三）信用风险的衡量

信用风险衡量主要包括两个密切相关的方面：研究债务人的还款意愿和偿还能力。分析债务人的还款意愿主要是考察债务人的品格，分析债务人的偿还能力则是考察债务人的经济前景。对此主要有定性衡量和定量衡量两种方法。

1. 定性衡量

（1）衡量债务人的品格与条件

定性衡量主要侧重于分析债务人的品格与条件。品格因素是决定是否同意付款的首要条件，企业可通过了解客户经济性质及管理人员的素质、会计师事务所等中介机构的评价、以往的付款记录、与其他企业的合作关系等来加以判断分析。条件是指可能影响客户付款能力的外在因素，如业务受经营范围、经济环境、法律环境、金融环境等因素的影响程度，厂房、设备所反映的经济实力和财务状况等。

（2）对客户的信用状况进行调查

确认其信用等级。对客户信用等级的划分一般采用 5C 分析法。

①品德（character）。品德是指顾客的信誉，即履行偿债义务的可能性。企业必须设法了解顾客过去的付款记录，看其是否有按期如数付款的一贯做法，以及和其供货企业的关系是否良好。

②能力（capability）。能力是指顾客的偿债能力，即流动资产的数量、质量以及与流动负债的比例。顾客的流动资产越多，其转换为现金支付款项的能力越强。同时，还应注意顾客流动资产的质量，看其是否有存货过多、

过时或质量下降，影响其变现能力和支付能力的情况。

③资本（capital）。资本是指顾客的财务实力和财务状况，这表明顾客可能偿还债务的背景。

④抵押品（collateral）。抵押品是指顾客拒付款项或无力支付款项时能被用作抵押的财产。这对于不知底细或信用状况有争议的顾客尤为重要，一旦收不到这些顾客的款项，便以抵押品弥补。如果这些顾客提供足够的抵押，就可以考虑向他们提供相应的信用。

⑤情况（circumstance）。情况是指可能影响顾客付款能力的经济环境。如万一出现经济不景气，会对顾客的付款产生什么样的影响，顾客会如何做等，这需要了解顾客在过去困难时期的付款历史。

（3）对客户的信用进行衡量分析

对不同信用等级客户给予不同的销售政策：对资信差的客户一律采用现款交易；对资信一般或资信较好但尚未进一步证实的客户可以采用承兑汇票结算方式；对资信好且实力强、有前景的客户，可以采用分期付款和赊销方式，但在付款期限和累积金额方面应有明确规定。坚持清旧款、发新货的原则，不论对哪种客户，当其提前付款或现金交易时，可考虑给予现金折扣等优惠，鼓励客户及时付款。

（4）企业主要信用等级分类

国际著名信用评级机构发布的有关公司的信用等级评定报告，是企业获取往来客户信用情况的最佳途径之一。

在信用评级中，信用机构关注的主要风险因素有：①商业风险，如行业特征、竞争态势、管理风格等；②财务风险，如财务特征、财务政策、财务灵活性、盈利能力、资本结构、现金流动性等。在这些大的方面中，行业风险（对企业所在行业的生命力及稳定性的分析）可能是评级决策中最为重要的指标，因此企业经济的基本要素，如供求特征、市场领导地位、成本优势是构建良好企业信用的前提。按照国际惯例，企业信用一般分为三级九等，分别是A级、B级和C级，AAA、AA、A、BBB、BB、B、CCC、CC、C九个等级，分别对应不同的信用风险水平，通常认为对A级以上的企业授信是安全的。

2. 定量衡量

定量评估重视债务人盈利能力的强弱和流动性的高低，其主要计量指标包括：①流动比率。通过该指标的计算可判断短期偿债能力。②速动比率。如果速动比率大于 1，则表示该企业有足够的偿债能力。③资产负债率。据此可判断应收账款的安全程度。该比率越低，表明偿债能力越强，应收账款风险越小。④利息保障倍数。该指标越大，表明企业偿还利息的能力越高，也意味着企业有更高的利润支付应付账款。

（四）信用风险的处理

应收账款的管理作为企业一项重要的管理工作，应引起各级领导的高度重视。树立现代营销观念，加大管理力度，切实落实责任制，在重视产品适销对路的基础上，力求将应收账款控制在合理水平，科学管理。应收账款的管理，重点在于应收账款的信用和日常管理。做好应收账款的账龄分析及其跟踪管理是防范信用风险的基本措施和手段，为此还要建立、健全并有效实施应收账款的内部控制制度。信用风险的处理策略主要是信用风险控制策略。

1. 建立应收账款责任管理

（1）设置独立的资信管理部门

根据企业内部牵制制度的规定，作为资信管理部门，应成为企业中一个独立于销售部门、在总经理或董事长直接领导下的中级管理部门，该部门或人员的主要职能是对客户的信用进行事前、事中、事后的全程管理。具体体现在：赊销前考察客户的资信情况，确定是否赊销以及赊销额度的多少、期限的长短；赊销后对应收账款采用科学方法进行日常的管理，协助并监督销售人员的催收工作；对逾期的应收账款分清情况，分别采用不同的处理办法，力求达到销售最优化和将坏账控制在企业可接受的范围内。在我国的一些大型企业中，有的已设立了清欠办公室，对已产生的拖欠进行追讨，不过这是一种被动的、不得已而为之的行为，防患于未然才是更有效、更主动的一种措施。在发达国家，一般企业均设有信用管理部，或者设有信用管理经理一职。借鉴国外的一些先进管理经验，我们国家的企业也需要设置相对独立的资信管理部门或配备自己专职的信用管理人员。信用管理这门知识对信用管理人员要求非常高，需掌握信息、财务、管理、法律、统计、营销、公关等多方面的综合知识，同时实践能力和工作经历也必须出色，而我国在信用管理方面的人才相当匮乏。所以，企业要想尽快建立自己的资信管理制度和部门，就必须借助外力，在这一点上完全可以借鉴西方企业的发展模式。当时西方企业建立信用管理制度，通行的做法是聘请一家专业信用管理机构来对企业进行全面指导或帮助企业做一些实际工作，这样企业既省时省力，又不会走弯路、走错路，还节约了成本。

（2）严格按会计制度办事，建立坏账准备金制度

企业要遵循稳健性原则，要做好应收账款坏账损失的管理控制，对坏账损失的可能性预先进行估计，积极建立弥补坏账损失的准备制度，分散坏账损失造成的风险，提高企业的自我保护能力。财务人员应严格按《企业会计准则》的规定对应收账款进行及时清算、对账等工作，工作岗位设置中也要注意不相容职务的分离，例如，记录主营业务收入账簿和应收账款账簿的人员不得开具发票、经手现金，以形成内部牵制，达到控制的目的。对于发票，也要定期与销售部门的销货清单和有关科目的金额进行核对，以防账外债权的出现。当然，不管企业采用怎样严格的信用政策，只要存在着商业信用行为，坏账损失的发生总是不可避免的。确定坏账准备的计提比例，根据颁布的《企业会计制度》规定，企业可自行确定坏账准备计提比例和计提方法。因此，企业应根据自身抵御坏账损失的风险能力，确定适当的坏账准备计提比例，以促进企业健康发展。建立已核销坏账的备案制度，企业发生坏账应及时报批处理，其审批权应集中于企业领导人或其授权的业务部门负责人，已核销的坏账需要在备查登记簿上登记，使其仍处于财务部门的控制之下，避免已核销的坏账有可能回收却被有关人员私吞。因此，企业应遵循谨慎性原则，建立坏账准备金制度，采用应收账款余额百分比法或其他的方法计提坏账准备金，以便对坏账风险有充分准备。按期末应收账款余额的一定比例足额提取坏账准备金，以备可能发生的坏账损失转销之需。对账龄在一年以上的应收账款可适当提高坏账准备金比例追加提取，对账龄在三年以上的应收账款坚决一次性作为不良资产冲销。

（3）建立销售回款一条龙责任制

为防止销售人员片面追求完成销售任务而强销盲销，企业应在内部明

确，追讨应收账款不是财务人员的责任，而是销售人员的责任。同时，制定严格的资金回款考核制度，以实际收到货款数作为销售部门的考核指标，每个销售人员必须对每一项销售业务从签订合同到回收资金全过程负责，坚持"谁经办，谁催收，谁负责"的原则，做到人员、岗位、责任三落实，在经办人、责任人调离换岗时，应向部门主管报告清欠工作进展情况。这样，就可使销售人员明确风险意识，加强货款的回收。

（4）建立应收账款风险监督预警机制

首先，定期检查，分析应收账款的时间，通过编制账龄分析表建立应收账款的核对制度。企业每年均应同客户对应的收账款进行核对，以保证应收账款的真实、正确；坚持应收账款定期审计，对企业应收款从发生到核算、管理、催收及回笼等加强内部控制，以降低风险、减少死账；加强账龄分析，按账龄分类，估计潜在的风险损失，正确计量应收账款价值。其次，利用利息杠杆，核算资金成本。目前资金紧缺和资金凝固并存的现象比较普遍。由于企业负债经营，支付银行的利息占费用的比例很大，所以对业务部门的考核，应实行资金的有偿使用。核销制度，按照应收账款发生的先后次序，以及货款回收的先后次序逐笔核销，以准确确认应收账款的账龄，对于因质量、数量合同纠纷等没有得到处理的应收账款单独设账管理。对账制度，根据业务量大小及时间等因素对应收账款定期（三个月、六个月、一年）进行核对，由双方当事人签章，作为有效的对账依据，发生差错时应及时处理。

2. 建立科学、严密的审批机制

（1）建立赊销审批申报制度，强化管理

企业可根据自身的特点和管理方便，设立一个赊销审批制度，赋予不同级别的人员不同级别的审批权限。各级经办人员只能在各自的权限内办理审批，超过限额的，必须请示上一级领导同意后方可批准，金额特别巨大的，需报请企业最高领导审批。结合市场供需情况，实施赊销策略：对供不应求的热销产品应尽量现销，以收回资金投入再生产活动；对长期积压的滞销产品可适当提供优惠的信用条件。为了预防销售人员有意识地赊销，从中牟取私利而造成损失，凡赊销业务必须有两人以上经手，并经部门负责人审批，对金额较大的业务应报企业负责人审批，同时在赊销过程中确定经办人、部门审批人、企业负责人各自应负的责任。同时，也要做到奖惩结合，对工作出色的同志要按有关规定进行奖励。

（2）企业财务部门或信用部门要对应收账款加强管理

企业财务部门或信用部门不能只从销售人员口中了解情况，应当建立、健全赊销申报制度，严格控制应收账款的产生。如客户要求延期付款时，销售部门经办人员就须填制赊销申报单（一式多联）报信用部门审核，在申报单上除了要列明对方单位名称、地址、开户银行及账号等基本内容外，须重点标明要求赊销金额、赊销期限、有无担保等。信用部门在对客户资信情况调查后，做出赊销决策，在赊销申报单上签署意见，并报企业法定代表人签字后方可列账。应收账款列账后，申报部门的负责人及经办人员就成了该笔款项的责任人，并在信用部门的配合、监督下对贷款回笼负责。

3.强化应收账款的客户管理

（1）建立切实可行的对账制度

在进行对账工作时，企业应根据业务量大小及时间等因素对应收账款定期进行核对，并由双方当事人签章，作为有效的对账依据。如发生差错应及时处理。应收账款的对账工作包括两个方面：①总账与明细账的核对；②明细账与有关客户单位往来账的核对。

在实际工作中会出现本单位明细账余额与客户单位往来余额对不上的现象，这主要是对账工作脱节所致。销售部门往往只管将产品销售出去，而不管款项是否能收回，认为收款是财务部门的工作。但是，目前许多企业因为应收账款很大，牵扯的单位很多，加之平时财务人员的记账、编报表等工作本来就已经很繁忙，根本没有时间和精力去与客户对账，而一般对账工作均是债权单位主动实施。这样一来，企业的应收账款对账工作就陷入停顿状态，使得客户有借口说往来账目不清楚而拒绝付款或拖延付款，给企业造成损失。因此，应收账款的对账工作从销售业务的第一笔起就应由销售人员定期与客户对账，并将收款情况及时反馈给财务部门。营销人员可以按其管理的单位对产品发出、发票开具及货款的回笼进行序时登记，并定期与客户对账，由对方确认，从而为及时清收应收账款打好基础。作为企业经营者，应将销售与货款回笼同销售者的业绩结合起来考察，使他们意识到不但要使产品销售出去，更要使货款能及时回收，以最大限度地减少损失。

（2）强化应收账款的单个客户管理和总额管理

企业对与自己经常有业务往来的客户应进行单独管理，通过信息数据库、平均收款期及账龄分析表等工具，判断各个账户是否存在账款拖欠的可能性。如果赊销业务繁多，对所有的客户都单独管理确有困难，可侧重于总额控制。信用管理人员应定期计算应收账款周转率，编制账龄分析表，按账龄和信用等级分析潜在的风险损失，并相应地调整信用政策。

三、存货管理：资金占用风险

（一）风险识别

1. 存货风险来源

存货风险是指企业拥有存货时，因价格变动、产品过时、自然损耗等原因而使存货价值减少的可能性。存货风险主要来源于企业生产部门和销售部门对存货产量水平和市场需求预测的不精确，因为企业生产什么、生产多少、何时生产是一个很难界定的问题。由于库存的存在，自然损耗也是存货风险的来源之一。

2. 存货风险的表现形式

（1）价格变动风险

价格变动风险包括生产和销售价格上的风险。从生产成本来看，在产品设计环节企业就需要对原材料、人工、机器损耗做出估计，以便计算生产该类产品是否有利可图。相对来说，原材料的价格估计难度较大，一旦企业对原材料的价格估计出现偏差，就可能影响生产成本。假设原材料的价格趋势是上升的，但企业估计其价格会下降，只建立了满足数日生产所需的原材料库存，结果再购买时增加了生产成本。从销售价格来看，一般来说，为树立企业的形象和维系与经销商的关系，企业产品的价格一经确定，短时间内不应做大的变动。销售价格的确定建立在对市场信息充分了解的基础上，如属于价格弹性大或攀比效应的产品，企业应制定较低的价格，增加销售量；对属于价格弹性不大的奢侈品或有虚荣效应的产品，企业应制定较高的价格，以达到销售收入的最大化。但企业不可能对市场和消费者心理永远有一个详细的了解，当价格定得不当时，就可能带来存货的价格风险——由于价格制定不当，再既定价格或者产量过少供不应求，或者产量过大造成产品积压。

（2）产品过时的风险

企业生产的产品应该具有一定的长期性，即在一定时期内不会过时，否则，企业改造生产线和更新生产工艺的成本将很高。但是，社会流行趋势和技术进步带来的现实应用往往超出企业可以精确预计的范围，当企业所生产商品的规格、款式、实用性落后于现实的普遍需求时，企业不可避免地面临产品销不出去的风险。

（3）自然损耗风险

自然损耗风险源自存货本身的特性和自然环境，如湿度、湿度、光照等外在因素变化对存货外观、性能产生的不利影响，对一些鲜活、容易与自然环境发生化学反应的商品来说，自然损耗可能会超过价格风险。由于仓库保管不善或环境恶劣所引起的自然损耗应尽量避免，对无法避免的自然损耗，则应想方设法降低库存时间和库存量，以减少损失。

（二）风险衡量

有两种类型的不确定因素会直接影响存货的安全性：一是需求不确定因素，它关系到存货生产周期内销售比率的波动；二是完成周期不确定因素，它与存货补给周期的种种变化有关。

1. 存货的成本风险

由于存货投入了资金，所以持有存货是有风险的。因为已投入存货的资金无法用于再投资。

存货成本 = 库存物品价值 + 订货费用 + 库存费用

$$TC = P \times N + A \times N / Q + C \times Q / 2 \quad (4\text{-}1)$$

订货次数 $n = N / Q$

式中，N 为计划期总需求；Q 为每次订货量。

订货费用 $= A \times N / Q$

式中，A 为订购费（每订购一次的固定费用）。

平均库存 $= Q / 2$

库存费用 $= C \times Q / 2$

式中，C 为单位库存费用。

库存物品价值 = $P \times N$

式中，P为货物单价。

存货的成本风险产生的主要原因在于投入存货的资金是一种历史成本，一旦决策投入便无法随时抽出。资金能否及时收回取决于存货能否迅速实现从商品到资金的循环，它与此种商品的社会需求紧密相关。衡量存货的成本风险，主要看销售存货回收的资金和其投入成本相比是否能实现正常的销售利润。一般可以通过销售利润率和本企业该产品平均的或最佳的历史销售利润率对比进行衡量，也可以与同行业类似产品的销售利润率进行对比衡量，以获取关于存货成本安全程度的有效信息。当企业的销售利润率长期低于历史水平或同行业水平时，就应该对存货政策做出调整。

2. 存货的流动性风险

企业的产品流动性的强弱，可以通过存货周转率或存货周转天数来衡量。一般来说，存货周转率越高越好，说明企业存货库存适度，存货占用水平低，存货转换为现金或应收账款的速度较快，企业具有较强的流动性。存货周转率和存货周转天数也可以通过同行业的相应指标进行衡量，企业可以评估自身的存货流动性管理水平。商品库存周期过长以及占销售总额的比例过高，是我国企业中普遍存在的问题。

（三）存货风险处理

存货风险处理的管理策略是加强存货控制。存货控制的最基本任务是要设计一个能够确定各阶段存货需求、发放量及其预测方法、各阶段标准库存量和安全库存、需求和供给、发放和补充的方式，以及能够明确检查及预测量和实际差异的库存管理系统。重点建立存货的内部控制制度，并严格贯彻执行，还需对存货水平准确预测，最后采用正确的存货管理方法。

1. 存货的内部控制制度

在设计存货的内部控制制度时要考虑销售、生产、运输和费用等因素。有效的存货内部控制制度有如下六个方面的作用：保持最小存量；安全和科学保管；适时、适量供应；维持有效操作；预防发生呆料、废料；保持完备的存货记录。存货的内部控制制度具体要做到以下六点：

第一，严格按生产计划进行生产，减少盲目生产所造成的存货积压。

存货的制定应经过销售部门、生产部门和会计部门的核准。

第二，定期对存货进行检查，对金额大的存货要实地盘点，以便及时发现存货的损毁、短缺情况。对检查结果要详细记录，分清责任。

第三，负责存货检查、盘点的人员要与负责存货日常管理（如采购、仓库、运输）等人员职务分离。

第四，科学设计存货地点和设施，便于运输、储存，避免因外在恶劣条件导致保管不善，影响存货的使用和销售。

第五，存货保管人员应在审查领料单、销售发票、发货单和提货单等必要单据后才予以发货。以上单据应预先按顺序编号，妥善管理。

第六，除了金额不大的次要存货外，对存货要实行永续盘存制。永续盘存记录应由非库存保管人员保管，永续盘存记录与实地盘存记录有差异的，要及时进行差异原因分析和处理。

2. 存货水平预测

存货水平预测实际上是对销售量和存货生产完成周期的预测，这两个环节是相互依存的。销售预测是存货预测的初始阶段，主要由企业营销部门完成。完成销售预测后，还要对存货完成周期内的需求量进行预计，即满足销售需要，在正常供应情况下应保持的存货水平。存货水平预测是很困难的工作，即使经过了良好的预测，补给周期内的实际需求仍然可能超过或达不到预期的需求。产品周期的不确定因素意味着存货政策无法承担如一的递送服务，但计划者应该预料到，存货完成周期的长度将会在平均值附近较高的频率发生。

存货水平预测中，较困难的是对于原材料和采购批次的预测。一般来说，原材料构成存货价值的主要部分，也是企业最难以控制的成本环节。因为其他的成本，如人员工作、机器损耗可以通过厉行节约，降低消耗，而原材料的价格一旦决定，购买就成了历史成本。原材料的购买价格随订购的数量、时间、付款方式的不同而不同。原材料购进后产生仓储、保管费用，保管时间过长还会产生原材料损耗。从理论上说，企业最佳采购量是可以计算出来的。在企业能及时补充存货、材料集中到货、无缺货成本、需求稳定、货单价不变、企业现金充足等前提下，企业的经济批量可以通过式（4-2）来计算，其中字母代表含义同式（4-1）。

经济订购批量为

$$Q = \sqrt{2AN/C} \quad (4-2)$$

订货次数为

$$N = N/Q \quad (4-3)$$

根据式（4-2）确定经济批量之后，就可以通过式（4-3）确定采购次数，制订采购计划。通过合理的进货批量和进货时间，在存货与存货效益之间做出权衡，达到两者的最佳结合，是企业进行存货管理的最终目标。

3. 存货管理方法

存货管理是将厂商的出货政策和价值链的存货政策进行作业化的综合过程。主要目的是做到及时清理存货、控制投入、控制采购、按时产出、加强保管等。存货管理的基本方法有适时生产制度、ABC 分类法、价值链管理。

（1）适时生产制度

适时生产制度（just in time production system，JIT）又称准时化生产制、无库存生产方式、零库存、超级市场生产方式。

JIT 的基本思想是指在需要的时候，按需要的量，生产所需的产品。第二次世界大战后的日本为提高在国际上的竞争力，从美国引进先进技术，并将主要精力集中在工厂的车间层，以实现高效率和低成本，努力提高产品的质量和可靠性，以超过竞争对手。这些努力的中心原则是：消除浪费和尊重员工。

浪费是"除对生产不可缺少的最少数量的设备、原材料、零部件和工人（工作时间）外的任何东西"。将库存减少到最小：不需要用的产品，现在不必生产；不允许安全库存；减少存在于仓库区域、运输系统、传送带及输送机中的隐藏库存。

尊重员工是永久职位的终身雇佣；企业协会培育员工与管理者的协作关系，雇员分红、激励员工努力提高生产效率；管理者把员工看成一项资产而不是机器；建立分包商网络，公司与其供应商及客户建立起长期合作关系；现场管理由委员会和小组层面共同管理，高层管理者将注意力放在战略计划制订上，操作层决策由团体的合作来确定；质量小组每周碰面一次，讨论工作和解决问题。

JIT 是一种严格以需求带动生产的制度，要求企业以顾客的订单为起点，由后向前地组织生产。这种制度需要企业生产经营、管理环节紧密协调、配合，而无须建立原材料、在产品和产成品仓库，以实现"零库存"。实行 JIT 制度对企业的基本要求是：在生产制造过程中生产指令采用后序拉动方式；组织作业小组，充分发挥每位员工的积极性；在生产组织结构上，生产采用专业化协作形式；在产品生产、开发方面，生产采用"主查"负责制，要求产品设计和生产零缺陷。

通过实施 JIT 制度，不仅改善了产品质量、缩短了生产周期，重要的是大大减少了存货，降低了总成本。

（2）ABC 分析法

ABC 分析法又称巴雷托分析法，它是根据事物在技术或经济方面的主要特征，进行分类排队，分清重点和一般，从而有区别地确定管理方式的一种分析方法。由于应用广泛，ABC 分析法已成为企业提高效益普遍应用的一种方法。ABC 分类法即采取重点管理少量价值高的物品的策略。

A 类：占库存资金的 80% 左右，而其物品总数仅占库存项目总数的 20% 左右；B 类：占库存资金的 15% 左右，而其物品总数仅占库存项目总数的 30% 左右；C 类：占库存资金的 5% 左右，而其物品总数仅占库存项目总数的 50% 左右。

根据 ABC 分析的结果，对 A、B、C 三类存货采取不同的管理策略，对 A 类存货进行重点规划和控制，对 B 类存货进行次要管理，对 C 类存货进行一般管理。

（3）价值链管理

价值链管理的概念源于这样一种理念，即企业应该从总成本的角度考察其经营效果，而不是片面地追求诸如采购、生产、分销等功能的优化。价值链管理的目的是通过对价值链的各个环节加以协调，实现企业最优绩效，从而增强整个公司业务的表现。高效的价值链设计、价值链成员之间的信息共享、库存的可见性和生产的良好协调，会使库存水平降低，物流作业更为有效，并能改善订单及其他一些关键的业务功能。

价值链管理是一种基于协作的策略。在价值链管理模式下，与供应商的关系是建立在战略性设计的基础上，双方的焦点在于一切为用户着想，开发一体化的新产品，不断改进供应关系，共同实现双方的战略目标。

模块化是价值链管理的特征之一，模块化管理是一种有效地组织复杂产品和过程的战略，模块系统由单元（或模块）组成，这些单元独立设计，但作为一个整体运作。适合模块化的行业有电脑软硬件、汽车制造等，这些行业的领导者如通用汽车（GM）、微软（Microsoft）、英特尔公司（Intel），已经能够将大部分生产制造业务外包，而将主要精力专注于核心工艺设计。通过模块化管理，控制可见的规则和标准，这些企业均取得了巨大的成功。

第二节 筹资风险管理

一、筹资风险概述

筹资风险是指企业因借入资金而产生的丧失偿债能力的可能性和企业利润（股东收益）的可变性。筹资风险是指由于负债筹资引起，且仅由主权资本承担的附加风险。企业承担风险程度因负债方式、期限及资金使用方式的不同，面临的偿债压力也有所不同。因此，筹资决策除规划筹资需要数量，并以合适的方式筹措到所需资金外，还必须正确权衡不同筹资方式下的风险程度，并提出规避和防范风险的措施。

（一）筹资风险的种类

1. 按照筹资风险的成因分类

按照筹资风险的成因不同，负债筹资风险可以分为现金性筹资风险和收支性筹资风险。

（1）现金性筹资风险

现金性筹资风险是指由于现金短缺、现金流入的期间结构与债务的期限结构不相匹配而形成的一种支付风险。现金性筹资风险对企业未来的筹资影响并不大。同时，由于会计处理上受权责发生制度的影响，即使企业当期投入大于支出也并不等于企业就有现金流入，即它与企业收支是否盈余没有直接的关系。现金性筹资风险产生的根源在于企业理财不当，使现金预算安排不妥或执行不力造成支付危机。此外，在资本结构安排不合理、债务期限结构搭配不好时，也会引发企业在某一时点的偿债高峰风险。

（2）收支性筹资风险

收支性筹资风险是指企业在收不抵支的情况下出现的到期无力偿还债务本息的风险。收支性筹资风险是一种整体风险，它会对企业债务的偿还产生不利影响。从这一风险产生的原因看，一旦这种风险产生即意味着企业经营的失败，或者正处于资不抵债的破产状态。因此，它不仅是一种因理财不当造成的支付风险，更主要的是企业经营不当造成的净产量总量减少所致。出现收支性筹资风险不仅将使债权人的权益受到威胁，而且将使企业所有者面临更大的风险和压力。因此，它又是一种终极风险，其风险的进一步延伸会导致企业破产。

2.按照筹资方式分类

按照筹资方式的不同，负债筹资风险可以分为债务筹资风险和股票筹资风险。

（1）债务筹资风险

债务筹资风险是指企业举债经营而导致偿债能力丧失或企业举债后资金使用不当导致企业遭受损失及到期不能偿还债务的可能性。

（2）股票筹资风险

从狭义的角度讲，股票筹资风险是指发行股票筹资时，由于发行数量、发行时机、筹资成本等原因给企业造成损失的可能性。

从广义的角度讲，股票筹资风险还包括筹资后资金营运风险和退市风险等。

（二）产生筹资风险的原因

1.产生筹资风险的内因

（1）负债规模

负债规模是指企业负债总额的大小或负债在资金总额中所占比例的高低。企业负债规模大，利息费用支出增加，由于收益降低而导致丧失偿付能力或破产的可能性也增大。同时，负债比重越高，企业的财务杠杆系数越大，股东收益变化的幅度也随之增加，所以负债规模越大，财务风险越大。

（2）负债的利息率

在同样负债规模的条件下，负债的利息率越高，企业所负担的利息费用支出就越高，企业破产的可能性也随之增大。同时，利息率对股东收益的变动幅度也有很大的影响。因为在息税前利润一定的条件下，负债的利息率越高，财务杠杆系数越大，企业资金利润率的变动就越大。

（3）负债的期限结构

如果负债的期限结构安排不合理，例如，应筹集长期资金，却采用了短期借款，或者相反，都会增加企业的筹资风险。原因在于：第一，如果企业使用长期负债来筹资，利息费用在相当长的时期内将固定不变，但如果企业用短期方式来筹资，则利息费用会有很大幅度的波动。第二，如果企业大量举借短期资金，将短期资金用于长期资产，则当短期资金到期时，可能会出现难以筹措到足够的现金来偿还短期借款的风险。此时，若债权人因企业财务状况差而不愿意将短期借款延期，则企业有可能被迫宣告破产。第三，举借长期资金的融资速度慢，取得成本较高，而且还会有一定的限制性条款。

（4）筹资方式选择不当

目前在我国，可供企业选择的筹资方式主要有银行贷款、发行股票、发行债券、融资租赁和商业信用。不同的筹资方式在不同的时间会有各自的优点与弊端，如果选择不恰当，就会增加企业的额外费用，减少企业的应得利益，影响企业的资金周转而形成财务风险。

（5）信用交易策略不当

现代社会中，企业间广泛存在着商业信用。如果对往来企业资信评估不够全面而采取了信用期限较长的收款政策，就会使大批应收账款长期挂账。若没有切实、有效的催收措施，企业就会缺乏足够的流动资金来进行再投资或偿还自己的到期债务，从而增加企业的财务风险。

（6）筹资顺序安排不当

这种风险主要针对股份有限公司而言。在筹资顺序上，要求债务融资必须置于流通股融资之后，并注意保持间隔期。如果发行时间、筹资顺序不当，则必然会加大筹资风险，对企业造成不利影响。

2. 产生筹资风险的外因

（1）经营风险

经营风险是企业生产经营活动本身所固有的风险，其直接表现为企业息税前利润的不确定性。经营风险不同于筹资风险，但又影响筹资风险。当企业完全用股本筹资时，经营风险即为企业的总风险，完全由股东均摊。当企业采用股本与负债筹资时，由于财务杠杆对股东收益的扩张性作用，股东收益的波动性会更大，所承担的风险大于经营风险，其差额即为筹资风险。如果企业经营不善，营业利润不足以支付利息费用，则不仅股东收益化为泡影，而且要用股本支付利息，严重时企业会丧失偿债能力，被迫宣告破产。

（2）预期现金流入量和资产的流动性

负债的本息一般要求以现金偿还，因此，即使企业的盈利状况良好，但其能否按合同、契约的规定按期偿还本息，还要看企业预期的现金流入是否及时、资产的整体流动性如何。现金流入量反映的是现实的偿债能力，资产的流动性反映的是潜在偿债能力。如果企业投资决策失误，或信用政策过宽，不能足额或及时地实现预期的现金流入量，以支付到期的借款本息，企业就会面临财务危机。此时企业为了防止破产可以变现其资产。当企业资产整体流动性较强，变现能力强的资产较多时，其财务风险就较小，反之，风险就较大。很多企业破产的实例说明，该企业破产并不是没有资产，而是其资产的变现能力较弱，不能按时偿还债务。

（3）金融市场

金融市场是资金融通的场所，企业负债经营要受金融市场的影响。当企业主要采取短期贷款方式融资时，如遇到金融紧缩，银根抽紧，负债利息率大幅度上升，就会引起利息费用剧增，利润下降。更有甚者，一些企业由于无法支付高涨的利息费用而破产清算。另外，金融市场利率、汇率的变动，都是企业筹资风险的诱导因素。

（三）筹资风险分析的方面

1. 分析企业盈利能力及其稳定性

盈利能力是企业经营和理财业绩的主要方面，是企业生存和发展的基础。一个健康企业的偿债资金一般来源于其盈利，而非负债资金。这样企业才有能力抗击各种风险，有实力迅速补偿风险造成的各种损失，否则企业将弱不禁风，随时面临破产、倒闭的风险。分析一个企业的盈利能力仅看一至两个会计年度是不够的，它仅仅反映了企业的短期经营成果，要将其若干年度的盈利情况进行比较分析，才能客观地判断企业持续稳定的获利水平和创造能力。因此，盈利能力分析是判断企业是否存在筹资风险的前提条件，也是资信评估中首要考虑的因素之一。

2. 分析企业偿债能力及其可靠性

企业由于自有资金不足，经常要靠举债筹集其所需的资金。企业如果生产经营活动能正常进行，能够及时归还其债务本息，就不致造成财务风险，而且企业还能从举债经营中获得盈利。但是如果缺乏按时偿还债务的准备和能力，企业便会陷入"举债—再举债—债上加债"的恶性循环之中，以致危及企业的生存。在我国资信评估指标体系中评价偿债能力的指标占了较大的比重，这也说明偿债能力分析是判断企业是否存在筹资风险的一个重要方面。

3. 分析企业资本结构及其稳健性

企业要进行正常的生产经营活动必须拥有一定资本金，并通过最初资本金的运用获得盈利和积累，以扩大和增强企业的实力。企业资金不仅要有稳定的来源，同时要有合理的构成，且符合国家有关方针、政策和法律法规的规定，符合企业有关章程、制度的规定，满足企业生产经营的需要，符合企业发展方向，体现稳健经营、减少风险的原则。反之，如果企业资金来源及构成混乱，企业的内部功能便会减弱，各种风险便会滋生、蔓延。如一个企业接受的投资多数为小轿车、室内装修、高级办公用品等非生产性资产，这种方式虽然增强了企业的实力，增加了企业固定资产比重，但是企业实际生产能力并没有提高，反而降低了企业的资金利用率，相对减少了其盈利，进而增加了其财务风险。

4. 分析企业资金分布及其合理性

企业经营资金总是分布在生产经营过程的各个环节中，企业经营的好坏并不完全取决于其筹资能力，更重要的是取决于其能否将筹集的资金合理地运用到经营的各个环节，使资金得到充分利用。也就是说，加快企业资金周转速度，以最少的资金量获得最大的收益，使企业增强抗风险的能力。一旦企业的资金在某个环节出现停滞，就会导致整体经营状况恶化，进而引发财务风险。

5.分析企业成长能力及其持续性

成长能力是指企业生产经营发展的后劲和持续力，包括企业生产经营的安全性、盈利性、应变性和竞争力及抗风险能力。对企业成长能力的分析往往是对其综合能力的分析，其分析方法有企业市场开发和占有率、生产经营管理组织、技术进步状况、企业管理人员和职工的综合素质、企业产品及其优势等的详细分析。一般来说，成长性好的企业抗风险能力强，在激烈竞争中可立于不败之地。

（四）应对筹资风险的措施

分析筹资风险成因的目的，就是要在明确其发生规律和程度的基础上，采取科学的应对措施及时加以规避或防范风险，从而确保企业经营过程中理财的安全性。由于企业筹资风险的类别不同，产生成因对企业财务的影响也有差别。为此，实务中应根据不同类别的筹资风险提出不同的规避和防范对策。

1.现金性筹资风险

对于现金性筹资风险，从其产生的根源着手，应侧重资金运用与负债的合理期限搭配，科学安排企业的现金流量。如果企业的负债期限与负债周期能与生产经营周期相匹配，则企业就能利用借款来满足其资金的需要。所以，按资金运用期限的长短来安排和筹集相应期限的负债资金，是规避风险的对策之一。企业如果能做到这一点，不但可以产生适宜的现金流量，而且还可以在规避风险的同时，提高企业的利润。当然，要想科学合理地达到上述要求，企业就必须采取适当的筹资政策，即尽量用所有者的权益和长期负债来满足企业永久性流动资产及固定资产的需要，而临时性流动资产的需要则通过短期负债，由此既避免了冒险型政策下的高风险压力，又避免了稳健型政策下的资金闲置和浪费。当然，在实际工作中，不同企业或同一企业在不同时期面临的情况可能有所不同，这就要求决策人员在总的原则的指导下，应选择更适合于当时条件下的对策。

2. 收支性筹资风险

对于收支性筹资风险，必须从其产生的根源出发来寻求其具体对策。一般而言，应主要从两方面来设计应对措施：①从财务上看，资本结构状况是产生收支性筹资风险的前提，因此，要想从总体上规避和防范风险，首先应从优化资本结构入手。因为资本结构安排不当是形成收支性风险的主要原因之一。而资本结构的优化应从静态和动态两个方面入手：从静态角度出发，主要应增加主权资本与负债的比率，以达到降低总体风险的目的；从动态角度出发，应对资产利润率和负债率进行比较，强化财务杠杆的约束机制，自觉地调节资本结构中主权资本与负债的比例关系，即当资产利润率上升时，调高负债率，提高杠杆系数，充分发挥杠杆效益。当资产利润率下降时，适时调低负债率，以防范其风险。当然，通过调整结构来规避和防范风险，必须建立在科学的基础上，既不可为了规避风险而丧失杠杆效益，也不可为了追求杠杆效益而提高杠杆系数，加剧风险。②债务重组。在实际工作中，一旦企业面临风险，所有者和债权人的利益都将面临风险，如果处理不当，双方均将受到损失。因此，在此种情况下，企业应采取积极措施做好债权人的工作，避免其采取不当措施。应使其明确企业持续经营是保护其权益的最佳选择，从而动员债权人将企业部分债务转作投资或降低利率，即进行债务重组。适时进行债务重组是降低企业筹资风险，避免债权人因企业破产而造成损失的较好对策。当然，重组计划能否实施，关键取决于对重组和破产的理解，以及对企业重组后持续经营的信心。

综上所述，筹资风险是企业债务到期偿还的不确定性和经营风险延伸造成的结果。因此，研究筹资风险与企业经营风险时应综合考虑，并由此探寻其规避和防范措施，这是现代企业理财中不可回避的一个重要课题。

（五）筹资风险管理

1. 树立正确的风险观念

企业在日常财务活动中必须居安思危，树立风险观念，强化风险意识，抓好以下四个方面的工作：①认真分析财务管理的宏观环境变化情况，使企业在生产经营和理财活动中能保持灵活的适应能力；②提高风险价值观念；③设置高效的财务管理机构，配置高素质的财务管理人员，健全财务管理规章制度，强化财务管理的各项工作；④理顺企业内部财务关系，不断提高财务管理人员的风险意识。

2. 确定最佳资本结构

所谓最佳资本结构是指在企业可接受的最大筹资风险以内，总资本成本最低的资本结构。一个企业只有股权资本而没有负债资本，虽然没有筹资风险，但是资金成本较高，收益也不能最大化，反之，如果没有股权资本，企业也不可能接收到负债性资本。如果负债资本多，企业的资金成本虽然可以降低，收益可以提高，但风险却加大了。因此，应确定一个最佳资本结构，在筹资风险和筹资成本之间进行权衡，使企业价值最大化。

3. 合理安排筹资期限组合方式

筹措长期资本，成本较大，弹性小，风险小，而筹措短期资本则与之相反。因此，企业在安排长、短期筹资方式的比例时，必须在风险与收益之间进行权衡。一般来说，企业对筹资期限结构的安排主要有两种方式：中庸筹资法和保守筹资法。

（1）中庸筹资法

这是经常用到的一种筹资方法，是指企业根据资产的变现日期，安排相应的筹资期限结构，使资产的偿付日期与资产的变现日期相匹配。在采用中庸筹资法的情况下，企业流动资产的短期性变动部分与季节性变动部分用短期负债筹措资金，长期性流动资产与固定资产则通过长期负债、股东权益等长期性资金予以解决。企业在采用中庸筹资法时，在同一年除安排长期借款外，就无须在淡季进行短期借款，短期借款将用多余的现金偿还。当企业经营进入旺季需要资金时，可以进行短期借款，这样企业只有在需要资金的场合才去筹资。采用此种筹资政策，可使企业降低无法偿还即将到期负债的风险。

（2）保守筹资法

采用保守筹资法，企业不但可以用长期资金来满足永久性流动资产和固定资产，而且可以用长期资金来满足由于季节性或循环性波动而产生的部分或全部暂时性资产的资金需求。这样，企业在淡季时，由于对资金的需求下降，可以将闲置的资金投到短期有价证券上。通过这种方式，企业不但可以赚到若干报酬,还可以将其部分变现,储存起来以备旺季时使用。但在旺季时,资金需求增加,因此,这时除了出售企业所储存的有价证券外,仍然还要使用少量的短期信用才能筹措到足够的资金,以满足其临时性资金的需求。

4.科学预测利率及汇率的变动

利率变动主要是由货币的供求关系变动和物价上涨率以及政策干预引起的。利率的经常变动给企业的筹资带来很大的风险。这就需要根据利率的走势,认真研究资金市场的供求情况,作出相应的筹资安排。在利率处于高水平时,尽量少筹资或只筹急需的短期资金。在利率处于由高向低过渡时期,也应尽量少筹资,不得不筹的资金,应采用浮动利率的计量方式。在利率处于低水平时,筹资较为有利。在利率由低向高过渡时期,应积极筹措长期资金,并尽量采用固定利率的计息方式。

当利率处于高水平时或处于由高向低过渡时期,应尽量少筹资,对必须筹措的资金,应尽量采取浮动利率的计息方式。当利率处于低水平时,筹资较为有利,但应避免筹资过度。当筹资不利时,应尽量少筹资或只筹措经营急需的短期资金。当利率处于由低向高过渡时期,应根据资金需求量筹措长期资金,尽量采用固定利率的计息方式来保持较低的资金成本。另外,因经济全球化,资金在国际自由流动,国际的经济交往日益增多,汇率变动对企业财务风险的影响也越来越大。所以,从事进出口贸易的企业,应根据汇率的变动情况及时调整筹资方案。

另外,应积极使用金融工具规避因利率变动带来的筹资风险,如利率互换、远期利率合约、利率期货和利率期权。

金融市场上影响汇率变动的基本因素主要是货币所代表的价值量的变化和货币供求状况的变化。因此,从预测汇率变动趋势入手,制定外汇风险管理战略,规避筹资过程中汇率变动带来的风险。第一,注意债务分散,即借款时间和还款时间不要过于集中,以防止汇率短时间内的突然变化而造成债务增加。另外,债务的货种结构要合理,尽可能分散为几种货币。第二,实行"配对管理",尽可能使借款货币、用款货币与还款货币一致。第三,妥善选择筹资中的货币,并注意货币币种与汇率的搭配选择,争取借"硬"货币,还"软"货币。第四,在合同中加例保值条款。第五,运用金融工具,如货币互换、远期外汇合约和货币期货交易来规避汇率变动带来的风险。

5. 先内后外的融资策略

内源融资是指企业内部通过计提固定资产折旧、无形资产摊销而形成的资金来源和产生留存收益而增加的资金来源。企业如有资金需求，应按照先内后外、先债后股的融资顺序，即先考虑内源融资，然后才考虑外源融资。外部融资时，先考虑债务融资，然后才考虑股权融资。自有资本充足与否体现了企业盈利能力的强弱和获取现金能力的高低。自有资本越充足，企业的财务基础越稳固，抵御财务风险的能力就越强。当企业面临较好的投资机会而外部融资的约束条件又比较苛刻时，若有充足的自有资本，就不会因此而丧失良好的投资机会。

风险与机遇并存，在激烈的竞争条件下，企业只有加强经营管理，提高自己的竞争能力和盈利能力，才能降低筹资风险。

6. 进行多角经营，分散投资风险

即将企业筹集来的资金投放于多个项目，这样就能使各个盈利和亏损程度不同的投资项目相互弥补，减少风险。这种分散风险的思想体现在生活的各个方面，但是在企业的经营管理中，这种防范方法还需要企业领导者谨慎行事。

7. 制定合理的风险政策，保持良好的财务状况

由于企业某项投资活动，如扩大再生产、固定资产更新改造等项目周期长、成本高，使企业实现的经营成果虽然比较好，但是资金紧张，从而影响企业的财务状况。这种情况的恶化最终会导致财务危机。因此，企业经营管理者应该实时监控企业财务状况，及时制定合理的风险防范政策，及时收回各种款项，同时制定合理的资金使用计划，保证企业正常运转对资金的需要。

8. 建立财务风险预警机制，构筑防范财务风险的屏障

（1）要建立完善的风险防范体系

一是要抓好企业内控制度建设，确保财务风险预警和监控制度健全有效，筑起防范和化解财务风险的第一道防线。二是要明确企业财务风险监管职责，落实好分级负责制。三是要建立和规范企业财务风险报表分析制度，

搞好月份流动性分析、季度资产质量和负债率分析以及年度会计、审计报告制度，完善风险预警系统。四是要充分发挥会计师事务所、律师事务所以及资产评估事务所等社会中介机构在财务风险监管中的积极作用。

（2）企业需建立实时、全面、动态的财务预警系统，对企业在经营管理活动中的潜在风险进行实时监控

财务预警系统贯穿于企业经营活动的全过程，以企业的财务报表、经营计划及其他相关的财务资料为依据，利用财会、金融、企业管理、市场营销等理论，采用比例分析、数学模型等方法，发现企业存在的风险，并向经营者示警。该系统不仅应包括流动比率、速动比率、资产负债率等财务指标，还应包括企业经营中一系列诸如产品合格率、市场占有率等指标。对财务管理实施全过程监控，一旦发现某种异常征兆，及时采取应变措施，以避免和减少风险损失。

财务风险是企业日常管理工作中不可忽视的问题，然而企业的经营管理是个复杂的问题，面临各种各样的风险，主要有企业内部风险，即财务风险、经营风险；企业外部风险，即自然风险、社会风险、经济风险、政治风险等。这些不同的风险构成了企业需要面对的复杂的风险系统，各种风险之间也不是孤立的，它们相互联系，共同作用于企业。例如，当企业面临的外部风险增大时，企业经营风险和财务风险也有增大的趋势。因此，企业的经营管理者应该全面分析各种不同的风险产生的原因，增强企业抵御风险和防范风险的能力，提高企业的市场竞争力，以立于不败之地。

二、债务筹资风险管理

（一）债务筹资风险的识别

1. 债务筹资风险的类型

债务筹资风险是指因企业的举债经营而导致偿债能力的丧失或企业举债后资金使用不当，导致企业遭受损失及到期不能偿还债务的可能性。对于向债权人的筹资企业须按约定偿还本金、支付利息，否则，债权人将行使债权控制权，对企业财产提出追偿权，企业将面临诉讼甚至破产的威胁，遭受严重损失。

（1）支付性债务筹资风险

支付性债务筹资风险是指在某一特定的时点上，负债经营的企业现金流出量超过现金流入量，从而造成企业没有现金或没有足够的现金偿还到期债务的可能性。

支付性债务筹资风险具有以下特点：

①它是一种个别风险，表现为对某项债务不能及时偿还，造成对企业信誉的负面影响；

②它是一种现金风险，只涉及企业一时的现金不足，与企业的盈余状况并没有直接的联系；

③它是一种企业理财不当的风险，表现为现金预算与实际情况不符而导致的支付危机，或者说是由于资本结构安排不当引起的较高的债务成本与较低的获利能力所造成的偿付困难的风险。

（2）经营性债务筹资风险

经营性债务筹资风险是指企业在收不抵支的情况下而出现的不能偿还到期债务的风险。

一般来说，企业收不抵支意味着经营出现了亏损，亏损额必然要抵消企业相应的净资产，从而减少可以作为偿债保障的资产总量。在负债不变的情况下，企业亏损越多，则用自身资产来偿还债务的能力就越低。如果企业不能及时扭转亏损状况，势必会产生终极经营性债务筹资风险，使企业陷入财务困境，最终导致企业破产。具体表现为企业破产清算时的剩余资产不足以支付债务。导致经营性债务筹资风险主要存在两个方面的责任：一是企业的经营获利能力低下；二是企业的财务管理不当。

2.筹资风险的影响因素

企业债务筹资风险的形成既受企业举债筹资的影响，也受举债之外因素的影响。举债筹资的影响因素主要有负债规模、利息率、期限结构、债务结构、利率结构以及企业的投资决策等，我们把这类因素统称为筹资风险的内部因素。举债筹资之外的因素主要是指企业所处环境的变化因素，我们把这类因素统称为债务筹资风险的外部因素。

（1）内部因素

①负债规模。负债经营能给企业的投资者带来收益上的好处，但同时又增大了经营风险。负债比例低，企业的偿债和抗风险能力较强，但盈利能力受到影响。将这些影响风险收益因素进行权衡，企业应该存在一个能在一定风险条件下获取最大收益的资本结构，即最佳资本结构。在理论分析中，最佳资本结构的确定往往以加权平均资金成本最低和企业价值最大为依据。

②利息率。在负债等量的条件下，负债的利息率越高，企业发生的偿付风险越大。不仅如此，在息税前和负债前利润一定的条件下，负债的利息率越高，财务杠杆作用越大，股东受影响的程度也越大。因此，债务的利息率与企业的筹资风险程度呈正方向变化。

③期限结构。期限结构是指企业所拥有的长短期负债的相对比重，即（短期借款＋平均应付款＋平均应付票据＋应付工资＋应交税金＋应付利润＋平均其他应付款＋预提费用）÷（长期借款＋应付债券＋其他长期应付款项）。若负债的期限结构安排不合理，如企业需要长期资金但却采用了短期借款，或者相反，都会增加企业的债务筹资风险。但一般来说，企业所用的债务资金到期日越短，其不能偿还本息的债务筹资风险就越大；债务资金到期日越长，企业的债务筹资风险就越小。

④债种结构。债种结构是指企业采用不同的筹资渠道所筹集来的资金比例关系。从大的方面考虑，即银行贷款、发行债券、融资租赁、商业信用这四种负债方式所筹资金各自所占的比例之间的关系。不同的筹资方式，取得资金的难易程度不同，其资本成本的水平不一，对企业的约束程度也就不同，从而对企业受益的影响也不同，因此，债务筹资风险的程度也就不同。

⑤利率结构。负债的利率结构是指企业以不同的利率借入的资金之间不同的比例关系。通常在企业负债中，银行贷款利率比相应的公司债券利率、融资租赁利率要低，但比商业信用成本高。银行贷款利率一般为浮动利率，债券利率、融资租赁利率一般为固定利率。

（2）外部因素

企业外部环境的不确定性对企业债务筹资活动有重大影响。例如，宏观经济政策、利率的变动、汇率的变动等。

3. 债务筹资的优缺点

一般来说，负债资金成本低于所有者权益资金成本，因此，企业喜欢选择负债资金。但是，负债的增加又会增加企业的财务风险。所以企业要协调好收益与风险之间的关系，选择适当的资金来源和筹资方式。

（1）债务筹资的优点

①筹资速度较快；

②筹资弹性大；

③资本成本负担较轻；

④可以利用财务杠杆；

⑤稳定公司的控制权；

⑥信息沟通等代理成本较低。

（2）负债筹资的缺点

①不能形成企业稳定的资本基础；

②财务风险较大；

③筹资数额有限。

4. 债务筹资风险的识别

债务筹资风险的识别方法很多，在这里主要介绍资产负债表结构识别方法。企业资产负债表结构主要有三种类型：保守型资产负债表结构、稳健型资产负债表结构和风险型资产负债表结构。企业管理者可根据不同的结构类型来识别债务筹资风险程度的高低。

（1）保守型资产负债表结构

这种类型的资产负债表在企业的实际业务中并不多见。企业用长期负债来满足短期资金的需要，投资者投入资金来满足长期资金需要。在这种情况下，企业的整体风险较低，但资本成本最高，相对而言使企业的收益降到最低，而且企业的资本结构的弹性非常弱，具有很强的刚性，很难调整。

（2）稳健型资产负债表结构

拥有这种类型资产负债表的企业比较多见。企业用短期负债和部分的长期负债投资于流动资产，而用其余的长期负债和股权投资于长期资产。一般采用该种资金使用方式的企业会保持一个良好的财务信用，而且其资本成本具有可调性，其中包括对企业债务筹资风险的调整，并且相对于保守型资产负债表结构来说，因为有了流动负债，其资本结构就具有了一定的弹性。

（3）风险型资产负债表结构

很明显，拥有此类型资产负债表的企业的筹资风险比较明显，其流动资产变现后并不能全部清偿流动负债，那么企业便会被要求用长期资产变现来满足短期债务偿还的需要，风险就此产生。

（二）债务筹资风险的评估

债务筹资风险的评估有很多方法，常见的有杠杆分析、概率分析、指标分析法和未来现金支付能力分析。

概率分析法就是思考债务筹资风险发生的概率与预测风险损失程度。债务筹资风险事件的发生与否具有不确定性，在概率中称为随机事件，其发生的可能性通常用概率进行评估。

因此，债务筹资风险评估的方法就是运用概率度量的方法。从理论上讲，发生损失的概率越大，债务筹资风险也就越大；发生损失的概率越小，债务筹资风险也就越小。同时，债务筹资风险的大小还与它的可能结果的概率分布密集程度有很大的关系。这种概率分布密集程度通常用标准差和变异系数来描述。

（三）债务筹资风险的管理策略

债务筹资风险的管理策略主要有债务筹资风险的防范、债务筹资风险的控制、债务筹资风险的规避与转移。

1. 债务筹资风险的防范

企业要想真正达到防范债务筹资风险的目的，要切实从自身情况出发，建立相应的企业债务筹资风险管理责任制度，在企业财务部门下设立债务筹资风险管理小组。小组的主要职责是分析企业债务的结构，编制债务现金流量表，分析债务筹资风险的来源，拟定风险的管理策略，建立债务筹资风险管理体系等等。

同时，企业需要建立一套完善的风险预防机制和财务信息网络，及时地对财务风险进行预测和防范，制定适合企业实际情况的风险规避方案。

2. 债务筹资风险的控制

风险管理与控制包括借、用、还三个环节，注重债务资本的流动性、经济性和安全性。债务筹资风险控制分事前控制、事中控制和事后控制。

针对债务资本的流动性，企业筹资需要长期债务与短期债务相结合、债务期限与投资期限相结合；针对债务资本的经济性，企业筹资需要债务资本成本与投资收益率相结合、债务筹资与股权筹资相结合；针对债务筹资的安全性，企业筹资需要考虑债务增长率与收益增长率及债务筹资保险。

（1）债务筹资风险的事前控制的内容

①树立筹资风险意识，建立有效的风险预警机制；

②完善企业的治理结构，加强预算控制；

③提高企业的盈利能力和现金获取能力，确保到期偿还债务；

④制定科学的利润分配政策；

⑤在追求增量筹资的同时，更加注重存量筹资；

⑥确定最佳资本结构，减少企业筹资风险；

⑦注重最佳筹资机会的选择。

（2）债务筹资风险的事中控制的内容

①加强企业现金管理，降低财务风险；

②加强采购和存货管理，提高存货周转率；

③加强应收账款管理，加速资金回笼；

④保持适当还款额度，减少资金使用风险。

（3）债务筹资风险的事后控制的内容

加强对某项筹资整个过程的分析，企业筹集资金是为了投资的需要，而投资又是为了获得利润。

3. 债务筹资风险的规避

（1）重新安排支付现金流量

企业可利用新型证券，使其风险更低或将风险从一类投资者重新分配到另一类对风险不很敏感的投资者，以降低投资者要求的风险补偿，降低资本成本。这些证券主要有指数债券、浮动利息债券、可赎回债券、可退回债券、可转换债券等。

（2）尽量降低筹资费用

筹资费用主要包括注册费、委托金融机构的代办费、手续费等。证券发行的交易成本越低，企业收到的发行净收入就越高。企业可通过设计一种承销费较低的新证券，来降低筹资成本。

（3）尽量降低筹资的代理成本

如果企业能够设计一种能降低代理成本的证券，就会相应地降低筹资成本。主要包括：①由于过多的非货币收益消费所引起的代理问题，可以通过发行可转换债券来解决；②由于股东不愿意承担风险的动机所引起的代理问题，也可以通过发行可转换债券来解决；③由于信息在内部人和市场之间的不对称分布所引起的剩余损失，可以通过发行可赎回债券来解决。

（4）使用金融衍生工具规避风险

金融衍生工具是指在传统或基础的金融工具（包括债券、股票、外汇等）基础上衍生出来的新的金融工具。比如期货合约、远期合约、期权合约和互换规避及转移债务等方式规避筹资风险。

（四）债务筹资风险的转移

企业的筹资费用总和可能会超过企业的财务负担。在这种情况下，通常的做法就是转移风险。一是开展专业化协作，将一些风险较大的项目承包给能力较强的企业去完成。二是通过保险分散风险，可以稳定企业的资金结构，避免过多的债务输入和过高的资金支出，缓解企业资金紧张、风险恶化的局势。

三、股票筹资风险管理

（一）股票的种类及优缺点

股票按照其权利不同可以分为优先股和普通股两种。由于不同种类的股票有不同的特点，因此企业在发行该种股票的时候要结合其特点及企业的实际情况做出决策。

1.普通股与优先股的主要区别

①普通股股东享有公司的经营参与权，而优先股股东一般不享有公司的经营参与权；

②普通股股东的收益要视公司的盈利状况而定，而优先股的收益是固

定的；

③普通股股东不能退股，只能在二级市场上变现，而优先股股东可依照优先股股票上所附的赎回条款要求公司将股票赎回；

④优先股票是特殊股票中最主要的一种，在公司盈利和剩余财产的分配上享有优先权；

⑤优先股只有在公司有盈利的情况下才会分配红利，如果公司不盈利，是不会分配红利的；

⑥由于优先股的股息派发率是固定的，不随公司业绩好坏而波动，因此相对于普通股，优先股的价格波动一向不大。

2. 普通股融资的优点

与其他筹资方式相比，普通股筹措资本具有如下优点：

①发行普通股筹措资本具有永久性，无到期日，不需归还。这对于保证公司对资本的最低需要、维持公司长期稳定发展极为有益。

②发行普通股筹资没有固定的股利负担，股利的支付与否和支付多少，视公司有无盈利和经营需要而定，经营波动给公司带来的财务负担相对较小。由于普通股筹资没有固定的到期还本付息的压力，所以筹资风险较小。

③发行普通股筹集的资本是公司最基本的资金来源，它反映了公司的实力，可作为其他方式筹资的基础，尤其可为债权人提供保障，增强公司的举债能力。

④由于普通股的预期收益较高，并可一定程度地抵销通货膨胀所带来的影响（通常企业风险管理在通货膨胀期间，不动产升值时普通股也随之升值），因此普通股筹资容易吸收资金。

3. 普通股融资的缺点

运用普通股筹措资本也有一些缺点。

（1）普通股的资本成本较高

首先，从投资者的角度讲，投资于普通股风险较高，相应地要求有较高的投资报酬率。其次，对于筹资公司来讲，普通股股利从税后利润中支付，不像债券利息那样作为费用从税前支付，因而不具抵税作用。此外，普通股的发行费用一般也高于其他证券。

（2）以普通股筹资会增加新股东，这可能会分散公司的控制权

此外，新股东分享公司未发行新股前积累的盈余，会降低普通股的每股净收益，从而可能引发股价的下跌。

（二）股票筹资风险

中国上市公司在进行长期筹资决策时普遍存在"轻债重股"的筹资偏好，即拟上市公司上市之前，有着极其强烈的冲动去谋求公司首次公开发行股票并成功上市。公司上市之后，在再筹资方式的选择上，往往不顾一切地选择配股或增发等股权融资方式，以致在过去的不同时期一度形成所谓的上市公司集中性的配股热或增发热。针对这一现象，大多数的理论与实证分析都是从中国资本市场发展、筹资成本、公司治理结构等方面进行解释，很少有人从股票筹资风险方面进行分析。事实上，企业进行股票筹资，在获取社会资源这块"馅饼"的同时，也可能存在风险这一"陷阱"。

从狭义的角度讲，股票筹资风险是指发行股票筹资时，由于发行数量、发行时机、筹资成本等原因而给企业造成损失的可能性。

从广义来讲，股票筹资风险还包括筹资后资金营运风险和退市风险等。

（三）首次发行股票筹资风险的防范

1.股票发行的数量

股票发行数量或股票发行规模，具体地说就是股份有限公司通过发行股票所筹集资金的数量，也就是股份有限公司的股本总额。

关于股票发行的数量，除了要符合国家有关股票发行数量最低限额的规定外，还要注意：

①与企业实际的资金需要量相符；

②企业的资本结构；

③企业控制权的变化；

④股票发行数量还影响到股票的定价；

⑤股票发行市场的需求和经济景气循环以及投资周期是密切关联的。

2.股票筹资品种创新

股票按其权利不同可以分为优先股和普通股两种，对于它们而言，进行决策时要考虑以下四个方面：

①投资者的偏好；

②资本成本的大小；

③对原有股权的影响；

④筹资品种的影响。

3.股票发行的方式

股票在上市发行前，上市公司与股票的代理发行证券商签订代理发行合同，确定股票发行的方式，明确各方面的责任。

按发行承担的风险不同，股票代理发行的方式一般分为包销发行方式和代销发行方式。证券包销发行是指证券公司将发行人的证券按照协议全部购入或者在承销结束时将售后剩余证券全部自行购入的承销方式。证券代销发行是指证券公司代发行人发售证券，在承销期结束时，将未售出的证券全部退还给发行人的承销方式。

我国法律规定，企业在公开发行股票时应当由证券机构承销，因此企业在决定采用包销方式还是代销方式时应考虑以下影响因素：

①企业自身的社会知名度和影响力；

②对发行成本的考虑；

③企业自身对资金需求的缓急。

4.股票发行价格

股票发行价格有以下几种：面值发行、时价发行、中间价发行和折价发行等。

①面值发行。即以股票的票面金额为发行价格。

②时价发行。即不是以面额，而是以流通市场上的股票价格（即时价）为基础确定发行价格。

③中间价发行。即股票的发行价格取票面额和市场价格的中间值。

④折价发行。即发行价格不到票面额，是打了折扣的。我国《公司法》规定，企业不得折价发行股票。

5.股票发行时机

在选择股票发行时机时应考虑的主要因素有以下三个方面：

（1）股市行情

企业在选择股票发行时机时应选择股票交易活跃、价格上涨的时机。

（2）社会经济阶段

股票发行应选择经济繁荣、政府经济政策宽松时期。

（3）银行利率水平

投资者的资金是有限的，在银行利率水平较高的情况下，会吸引投资者将大量的资金存入银行；当银行利率较低的时候，一部分投资者就会将其资金投放到股市中来。

6. 证券承销机构

企业在选择证券承销机构时应考虑以下因素：

①证券承销机构的资本实力；

②证券承销机构的销售网络；

③证券承销机构员工的整体素质。

（四）资本运营风险与防范

这里的资本运营风险是指企业筹得股权资本后，由于使用不当发生损失的可能性。

①部分上市公司筹集到资金后，轻易地把资金投入到自己不熟悉、与主业毫不相关的产业中，在项目环境发生变化后，又随意地变更投资方向。

②上市公司在发行新股或配股中，没有考虑所投项目对资金的实际需求，融资活动中往往最大限度地多筹资金。

③很多上市公司改变筹集资金投向，进行证券投资，有的用配股资金还贷，或被大股东占用等。

（五）退市风险与防范

绩效差的上市公司持续亏损与巨额亏损是股票市场存在的客观事实。当上市公司出现以下情况时，其股票就应该终止交易：

①股票失去内在价值。

②公司处于不同的行业周期。当旧行业被新兴的行业渐渐替代时，按照市场经济规律，已经衰退的公司将被市场淘汰。

③公司严重违反上市规则。

第三节　投资项目风险管理

一、投资项目风险的识别

（一）投资风险概述

1.分类

（1）直接投资

直接投资就是企业把资金直接投入生产经营，如购买设备、建造厂房、购买生产原材料等，以便获得投资利润。它是企业运用资金的主要领域之一，也是企业调整产品结构、实现产业更新换代、增强企业竞争力的主要途径。

（2）间接投资

间接投资就是企业购买股票、债券、期货等产品，获得投资收益。

2.中国企业对外投资的模式

①建立海外营销投资模式，即建立自己的国际营销渠道，由单一的国内市场走向全球市场。

②境外加工贸易投资模式，即直接在境外设厂，带动和扩大国内设备、技术、原材料、零配件出口。

③海外创立自主品牌投资模式，即企业直接在海外注册品牌，在海外生产、投资、经营。如海尔集团，由中国名牌发展成为世界名牌。

④海外并购资产——品牌，即通过并购国外知名品牌，借助其品牌影响力开拓当地市场的海外投资模式。如我国的TCL。

⑤海外品牌输出投资模式，即我国那些具有得天独厚的品牌优势企业，如北京同仁堂，品牌誉满海内外，商标已受到国际组织的保护。

⑥国家战略主导投资模式，即我国一些大型能源企业，如我国三大石油巨头即中石化、中石油和中海油。开展海外投资，注重的是国家的宏观利益。这是解决能源瓶颈的重要途径。

⑦海外研发投资模式，即我国一些高科技企业而非传统的制造企业或资源开发企业通过建立海外研发中心，利用海外研发资源，使研发国际化，具有居国际先进水平的知识产权。如我国的华为、中兴集团。

（二）投资项目风险的来源

投资项目风险的来源很多，而且影响投资风险的因素多变，几乎不可能在此一一列举和分析，其中具有普遍性且比较重要的有以下几点：

1. 影响企业投资项目收入的不确定性因素较多

如价格的波动、市场的状况、消费者偏好、例外事故、文化等，因此收入数字比任何其他的经济分析所采用的参数都具有更大的不确定性。收入数字的不确定性将给投资企业带来更大的风险。

2. 对各项费用的估计不足

如投资项目初始投资及日常经营费用的增加、市场利率的波动及国家对利率的调整、建设期的延长等。

3. 厂房及其机器设备的类型

例如，一台普通的具有多用途的机器设备，在不同的企业有不同的用途，因此其本身就具有比较明确的经济寿命周期和售卖价值。而一台具有特殊用途的专用设备，只能在特定的地点执行特定的功能。因此，如果投资于特殊的厂房和机器设备，应该慎重考虑这些影响投资项目风险的因素。

4. 项目寿命期的长短

通常一个项目的寿命周期越长，其不确定性越大，投资项目决策的风险也越大。

（三）投资项目风险识别的方法

在介绍投资项目风险识别的方法之前，首先要说明企业在选择风险识别方法时应该注意的问题：第一，由于每种风险识别的方法都有各自的缺点和应用的局限性，因此识别风险就不能够只应用一种风险识别的技术或工具，应该几种方法结合运用，相互补充；第二，对于特定的行业，采用适合本行业特定的某种方法要比运用其他方法效果更好；第三，信息的取得不应仅停留在风险管理部门上，应尽量向风险部门以外的人征求意见，以更好地全面了解企业所面临的风险；第四，应该制定连续的风险识别的计划；第五，风险识别技术和工具的选择应该讲求成本效益，即经济上的合理性；第六，在风险识别的同时要做好准确的记录。企业只有注意以上的各个方面，才能做好风险识别工作，进而为以后的风险评估奠定坚实的基础。

1. 保险调查法

保险调查法是指通过保险公司的专业人员及有关的学会就企业可能遭遇的风险加以详尽地调查与分析，编制各种调查表供企业参考的一种方法。"风险分析调查表"在美国企业界得到广泛应用，其通常是由美国保险公司、风险及保险管理学会（RIMS）以及美国管理学会（AMA）在对企业风险广泛调查的基础上形成的，供企业应用的调查表格。由于这种表格是由企业以外的保险公司和一些有关的学会制定的，并没有考虑企业自身的特点，因此有一定的局限性，只适用于中小规模且风险管理制度并不健全的企业。

2. 核对表法

企业在生产经营过程中往往受到很多因素的影响，企业在做投资和管理决策时可将企业经历过的风险及其形成的因素罗列出来，形成核对表。管理人员在进行决策时，看了核对表就会注意到所要进行的投资项目可能具有的风险，从而采取相应的措施。核对表可以包括很多的内容，如以前项目成功失败的原因、项目产品和服务的说明书、项目的资金筹集状况、项目进行时的宏观环境和微观环境、项目进行的管理组织等。当然，还可以向相关的部门（如保险公司、风险管理学会等）咨询企业进行相关的投资项目可能面临而没有考虑到的风险。以下是项目管理成功与失败原因核对表的内容：

（1）项目管理成功的原因

第一，项目目标明确，对风险采取了现实可行的措施；

第二，从项目开始就让参与项目以后各阶段的有关方面人员参与决策；

第三，项目各有关方的责任和应当承担的风险划分明确；

第四，在项目设备订货和施工之前，对所有的设计方案都进行了细致地分析和比较；

第五，在项目规划阶段，组织和签约中可能出现的问题已事先预料到；

第六，项目经理有献身精神，拥有所有应该有的权限；

第七，项目班子全体成员工作勤奋，对可能遇到大风险都集体讨论过；

第八，对外部环境的变化都采取了及时的应对行动；

第九，进行了班子的建设，表彰、奖励及时且有度；

第十，对项目班子成员进行了培训。

（2）项目管理失败的原因

第一，项目业主不积极，缺少推动力；

第二，沟通不够，决策者远离项目现场，项目各有关方责任不明确，合同上未写明；

第三，规划工作做得不细，或缺少灵活性；

第四，把工作交给了能力差的人，又缺少检查、指导；

第五，仓促进行各种变更，更换负责人，改变责任、项目范围或项目计划；

第六，决策时未征求各方面的意见；

第七，未能对经验教训进行总结分析；

第八，其他错误。

3. 组织结构图分析法

组织结构图分析法适合各类企业的风险识别，它的特点是能够反映企业关键任务对企业投资项目的影响。组织结构图主要包括以下内容：

①企业活动的性质和规模。例如，一个企业集团主要经营何种产品，属于哪种产业，具有多少子公司，其资产规模大小等。

②企业内各部门之间的内在联系和相互依赖程度。

③企业内部可以分成的独立核算单位。这是对风险做出财务处理决策时所必须考虑的。

④企业关键人物。如对企业经营管理决策具有重要影响，有权参与企业重大投资项目的设计、实施过程，且能够提供风险管理人员所需要的技术和其他信息的人等。

⑤企业存在的可能使风险状况恶化的任何弱点。

4. 流程图分析法

流程图能够生动、连续地反映一项经济活动的过程，其作用在于能够找出经济活动的重要部分，也就是我们通常所说的"瓶颈"，即该部分的损失可能导致整个经济活动失败。但流程图分析法存在明显的局限性，它只能揭示风险是否存在，不能给出损失的概率和损失的大小，所以流程图分析法应该和其他风险分析方法一起使用。

5. 经验、调查与判断法

企业可以通过主观调查与判断来了解企业可能面临的风险。企业可以通过市场调查，搜集信息，包括国家的产业政策、企业投资地区的经济状况、人口增长率，以及消费者的态度、意见、动机以及购买意向等。企业也可以通过德尔斐法"背对背"地反复征求专家的意见，以取得有共识的对风险的识别。这种方法对于一些原因比较复杂、影响较大的投资风险识别效果比较好。企业也可以通过专家会议法，邀请风险专家召开会议，采取"面对面"的方式对企业投资的各种风险进行识别，各个专家通过讨论，最后得出比较一致的意见。这种方法适用于衡量投资市场中潜在损失可能发生的程度。企业还可以召集参与投资项目或曾经参与过类似项目的人员，集思广益，对企业可能面临的投资风险达成共识。

6. 事故树法

通过画出事故树的方式，将企业投资可能面临的风险以树状表示出来，然后一一排除，最后确定导致风险产生的因素。例如，某企业投资房地产业，运用事故树分析企业住宅销售风险。

7. 敏感性分析法

敏感性分析法是研究投资项目的寿命周期内，当影响投资的因素（如投资期限、市场利率、宏观经济环境等）发生变化时，投资的现金流量、内部收益率是如何变化的，以及各个因素对投资的现金净流量、内部收益率等是如何影响的，从而使管理人员了解对企业投资影响比较重要的因素，识别并控制风险隐患，以降低企业风险。

二、投资项目风险的衡量

（一）项目风险衡量的目的和内容

对投资项目进行风险识别和归类之后，就应该对投资项目进行风险衡量。风险衡量的对象并不是项目的整体风险，而是项目的单个风险。对项目进行风险衡量是基于以下的目的：加深对企业自身和投资环境的了解；寻找实现项目目标的可行方案，务必使项目所面临的风险都经过充分、系统且有条理的分析；了解各种影响风险的因素对项目各个方面的影响；在多种可行的方案中运用一定的方法从中选择出风险最小、收益最大的方案。

（二）投资项目风险衡量方法

1. 盈亏平衡分析

盈亏平衡分析是研究盈亏平衡时各有关经济变量之间的关系。它是敏感性分析的一个具体应用，是就销售量变化对投资收益的影响进行分析，以确定项目不亏损所需要的最低销售量。盈亏平衡分析可分为会计盈亏平衡分析和盈亏平衡现值分析。

会计盈亏平衡分析一般是根据项目正常年份的销售价格、变动成本、固定成本等因素确定盈亏平衡点的销售量（销售收入），即项目年收入与年成本相等时的销售水平。其计算公式为：

盈亏平衡点销售量＝固定成本/（销售单价－单位变动成本）＝固定成本/单位边际贡献

（4-4）

盈亏平衡点销售收入＝固定成本/边际贡献率

边际贡献率＝边际贡献/销售收入

2. 定性衡量方法

风险衡量定性方法就是风险管理人员通过风险识别阶段所得到的信息，运用一定的方法，进行信息加工和处理，从而得到风险事件发生的概率及其损失程度这两个重要指标，为风险管理者选择风险处理方法、进行风险管理决策提供依据。

企业风险定性评估方式可以将企业风险概率表示为"很小"、"中等"、"较大"，企业风险导致的损失大小也相应地划分为重大损失、中等损失和轻度损失。企业应该针对不同的企业风险在风险等级图中不同的位置进行不同的处理。

企业的投资风险往往因缺乏数据等原因而使定量衡量有困难，而在定性衡量使用中较容易些。

三、投资项目风险管理

（一）投资项目风险管理概述

投资项目风险识别、风险衡量是项目风险管理的重要内容，但是仅仅完成以上的工作是不能够保证项目目标以最小的成本安全地实现，还必须在此基础上对风险进行规划，对风险实施有效的控制，并随时对风险进行监控。这一过程涵盖了项目风险管理的全过程，称之为广义的项目风险管理。在实际操作过程中将风险识别、风险衡量归为风险分析阶段，而将风险规划、风险控制、风险监控归为风险管理阶段，这个阶段也叫狭义的项目风险管理。

经过了投资项目风险衡量之后，会出现两种情况：一种情况是项目的风险超出了可接受的水平；另一种情况就是项目整体风险在能够接受范围之内。在第一种情况下，项目管理组织有两个选择：当项目整体风险大大超过评价基准时，应该立即停止，取消该项目；当项目整体风险超过评价基准不是很多的时候，应该采取挽救措施。一般有两种挽救措施：一是降低项目风险评价基准，看此时项目的风险是否可以接受；二是改变项目的目标和投资策略等。无论采用哪一种方法，都应该对投资项目重新进行风险分析。在第二种情况下，没有必要更改原有的项目计划，只需要对已经识别出来的风险进行监控，并通过深入调查来寻找没有识别出来的风险。对于已经存在的风险要进行严格的检查，必要时应采取相应的规避措施，防范风险。

（二）投资项目风险规划

风险规划就是制定风险规避策略以及具体实施措施和手段的过程。风险规划首先要了解风险规划的内容和任务，并提出相应的风险规避策略，将风险规划的工作成果记入风险管理计划文件中。

1. 风险规划的内容与任务

在此阶段要考虑两个问题：第一，风险管理策略本身是否正确和可行；第二，实施管理策略的措施和手段是否符合项目总目标。

在风险规划阶段，项目主管部门首先应该采取有效的措施，尽量减少已经识别的风险，保证项目的成功。由于资源是有限的，所以在进行风险管理规划时应该考虑风险管理的机会成本。

其次，项目管理部门还应该对风险进行监视，并注意和防范新风险的出现，对可能出现的新风险做出相应的规划。

项目管理人员还应该在项目进行过程中定期对项目风险评价基准和项目的风险水平进行比较，并逐渐提高项目风险的评价基准。此时，项目管理部门应该考虑对风险如何监视、由谁监视、监视范围的大小、次数的多少，以及何时监视、如何提高风险评价基准等问题。

把风险影响的后果尽量限制在可接受的范围内，是风险管理规划和实施阶段的基本任务。只要整体风险没有超过整体评价基准，该项目就可以继续进行下去。个别风险是否可以接受要考虑两个方面：损失的大小和为规避风险而采取的措施。即使风险后果很严重，但由于风险规避的措施简单易行而且成本代价较小，此时该风险是可以接受的。

由于规避风险的措施往往会影响原定的计划，因此项目主管部门在风险管理规划阶段还要考虑何时应该采取措施规避风险、何时应该接受风险。

2. 风险处理的措施

对投资项目的风险进行处理有很多的措施，这里仅仅介绍几种常用的处理措施。通常采用的风险处理的措施主要有风险回避、风险转移、风险自留、后备措施和风险控制。

（1）风险回避

风险回避是指当投资项目风险潜在威胁发生的可能性很大，不利后果也比较严重，而且又无其他策略可采用时，主动放弃项目、改变项目目标与行动方案，以来规避风险。如果通过风险评价发现项目或项目目标的实施将会给项目带来重大的损失，项目管理者又不能通过其他有效的办法来有效地控制风险，这时就应该考虑放弃项目的实施，以免造成更大的财产损失或人员伤亡。如基本建设项目中新技术的采用和新产品的开发等。风险回避在消除风险的同时，不仅使企业失去了由风险带来的收益，还失去了其他各种投资机会，也打击了项目有关各方的积极性。因此，在采取回避策略之前，必须对风险有足够的认识。

（2）风险转移

风险转移又称合伙分担风险，其目的是通过若干技术手段和经济手段将风险部分或全部转移给其他人承担。实施这种策略转移风险的同时，也转移了部分可能由风险带来的利益。转移风险主要有四种方式：①出售。就是通过买卖契约将风险转移给其他单位。②发包。就是通过从项目执行组织外部获取货物、工程或服务而把风险转移出去。如在项目建设期，将工程以一定的价格完全发包给承包单位，这样就可以降低风险。③保险与担保。保险是常用的一种方法。只要该项目公司向保险公司交纳一定数额的保险金，在事故发生时就能获得保险公司的补偿，从而将风险转移给保险公司。担保则是指其他企业、银行、保险公司或其他非银行金融机构，为项目风险负间接责任的一种承诺。通过这种承诺，项目所有者就把由于承包商行为方面不确定性带来的风险转嫁给担保者。④开脱责任合同。在合同中列入开脱责任的条款，要求项目管理部门在发生风险时不承担责任。

（3）风险自留

风险自留是指对一些无法避免和转移的风险，采取现实的态度，在不影响投资者根本或局部利益的前提下，将风险自愿承担下来。自愿承担可以是主动的也可以是被动的。由于风险管理规划阶段已对风险有了准备，所以当风险发生时马上执行应急计划，这是主动接受风险。被动接受风险是指在风险事件造成的损失较小，不影响项目大局时，项目管理部门将损失列为一项费用。总之，它是一种积极的风险管理手段，是项目公司为承担风险损失而事先做好各种准备工作，修正自己的行为方式，努力将风险降到最低程度。风险自留是最省事的风险规避方法，在许多情况下也是最经济的。当采用其他风险规避策略的费用超过成本时，就采用风险自留的方法。

（4）后备措施

企业为了降低某些风险带来的不利影响，项目管理组织可以事先制定后备措施。当项目实际进展情况与计划不同时就可以采用后备措施。后备措施主要包括以下内容：

①预算应急费，是指项目管理组织为了补偿差错、疏漏和其他不确定性对项目费用估计精确性的影响而事先准备好的资金。由于项目进行时的种种不确定性，项目的预算应急费是一定会耗费的，但是对于何时、何地耗费以及将耗费多少，在项目预算时是不能够确定的。预算应急费应该做到专款专用，在项目预算时应该单独列示，不应该分散到具体费用中，也要避免因为对具体费用心中无数而盲目预留。

预算应急费一般分为实施应急费和经济应急费。实施应急费用于补偿估价和实施过程中的不确定性；经济应急费用于对付通货膨胀和价格波动。实施应急费又可以分为估价应急费和调整应急费，经济应急费可进一步分为价格保护应急费和涨价应急费。

②估价应急费，是指为了弥补项目目标不明确，项目定义不确切、不完整，项目采用的策略含混、不明确、工作分解结构不完全、不确切，估算时间短，估算人员缺乏经验和知识、过分乐观，估算和计算的误差给项目造成的不利影响而预留的资金。

③调整应急费，是指由于项目需要多次运行，所以需要预先准备的支付调整期间的系统调试、更换零部件、零部件和组装的返工、编制竣工图、重写技术说明、操作手册和其他文件等的各种开支。

④价格保护应急费，是指用于补偿估算项目费用期间询价中隐含的通货膨胀因素所需费用。这是由于在报价有效期届满时，供应单位可能提高原来的报价所导致的。

⑤涨价应急费，是指在通货膨胀或价格波动较大时，供应单位无法或不愿意为未来的订货实行固定价格时企业预留的应急费。

⑥进度后备措施。由于项目会有种种不确定性，项目的进度方面也会受到影响，但项目主管部门并不希望用延长时间的方式来解决存在的问题，因此项目管理班子就要设法制订出一个较紧凑的进度计划，争取在项目预算完工期之前完成。进度后备措施从网络计划的观点来看就是在关键路线上设置一段时差或浮动时间，压缩关键路线各工序的时间以预留浮动时间有两种方法：减少工序时间和改变工序间逻辑关系。

⑦技术后备措施，是指为了应付项目的技术风险而预先准备的时间或资金。只有在不大可能发生的事件发生，需要采用补救行动时才会动用技术后备措施。技术后备措施分为技术应急费和技术后备时间。

（5）风险控制

风险控制是依据风险管理计划以及实际发生的风险事件和随时进行的风险识别的结果，在风险事件发生时实施风险管理计划中预定的规避措施的过程。风险控制应该注意两个方面：一是风险控制的手段不应该仅仅局限于风险管理计划中的风险规避措施，还应该根据实际情况确定应变的措施。对于未曾预料到的风险事件以及已经识别但后果比预想要严重的风险事件，且原有的风险规避措施无法解决的，应该重新制定风险规避的措施；二是当项目的情况发生变化时，应该重新进行风险分析，并制定新的规避措施。

（三）投资项目风险规划文件

经过了前面的风险管理规划步骤后，应该将已完成的工作归纳成一份风险管理规划文件。风险管理规划文件中应当包括项目风险形势估计、风险管理计划和风险规避计划。

在风险分析之后的项目风险规划阶段，应该根据已得到的分析数据对项目风险形势估计进行修改。修改时应对已经选定的风险规避策略进行评价，重点应放在这些策略能够确定哪些成果上。项目风险形势估计的主要内容有：确定风险规避的目标，找出必要的策略、措施和手段，对任何必要的应急措施和后备措施进行评价；确定为实施风险规避而使用资金的效率和效果。

风险规划文件应该说明如何把风险分析和管理步骤应用于项目之中，还要详细说明风险识别、风险评估和风险控制过程的所有方面，以及项目整体风险评价基准是什么，应当使用什么样的方法，如何运用这些风险评价基准进行风险评价等。

第五章 企业法律风险管理

第一节 企业法律风险管理的理念

一、企业法律风险管理基本理念

（一）企业法律风险管理理念的内涵

企业法律风险管理理念是企业法律风险管理的核心内容。企业法律风险管理是一个复杂的系统工程，涉及企业管理的各个方面，包括风险管理目标、管理原则、管理方法、管理流程、管理策略、管理监督等等。管理理念是核心，是根本，决定了整个法律风险管理的发展方向和成败得失。

理念，是西方哲学史的重要范畴，是指关于人们追求的目标及其实现途径的基本观念。所谓企业法律风险理念，就是对企业法律风险管理的本质及其发展规律的一种宏观的、整体的理性认识、把握和建构。企业法律风险管理理念是企业法律风险管理的指导思想和最高原理，也是对企业法律风险管理起长效作用的文化内涵。

思想观念是实践行动的先导，企业法律风险管理理念决定了企业法律风险管理的目标、模式、内容、流程和途径。对我国而言，与企业法律风险管理的实践操作等微观方面相比，企业法律风险管理的宏观指向、思想认识等问题更具有意义，也是我国企业法律风险管理中存在的根本性问题。

我们认为，要从战略高度重视企业法律风险，要树立防范第一理念、化解风险为底线原则、差异化管理原则、全员管理原则、信息化和工具化管理原则等。鉴于法律风险防范的重要性和丰富内容以及法律风险体检在法律风险防范中的独特性，我们予以专门论述。

（二）从战略高度重视企业法律风险

要把法律风险视为企业的一种重要资源，并把法律风险管理置于企业战略地位。

防范和化解风险是每一个企业永恒的主题。企业快速发展、持续盈利，是企业家的共同愿望，但是其前提是安全——企业安全发展。风险是安全的最大隐患，虽然看不见、摸不着，但却实实在在地无时无刻不潜伏着、发生着。尤其是在市场竞争不断加剧、海量信息不断冲击、监管环境日趋严苛的今天，各类不确定因素陡然增多，企业面临的风险日益增加。因风险的发生而导致人员伤亡、财产损失、企业崩盘的国内外案例不胜枚举。

雷曼兄弟公司成立于1850年，历经美国内战、两次世界大战，1929年经济大萧条、"9·11"事件后仍然屹立不倒，被称为"19命之猫"。因其已在全球范围内建立创造新颖产品、探索最新融资方式、提供最佳优质服务而享有良好声誉，被《商业周刊》评为2000年最佳投资银行，整体调研实力高居《机构投资者》排名榜首，被《国际融资评论》授予2002年度最佳投行。然而不幸的是2008年9月15日，在次级抵押贷款市场危机（次贷危机）加剧的形势下，雷曼兄弟公司——美国第四大投行，宣布申请破产保护，意味着这家具有158年历史的投资银行走进了历史，该事件也成为世界金融史上一个极具指标意义的事件。类似的案例在国内本土企业更是比比皆是。许多企业家的豪言壮语犹在耳边，而企业却已轰然倒下，许多"明星企业"已成昨日美好。

每一个令人扼腕的事件背后，无不隐藏着法律风险因素，无不与企业家法律风险意识淡漠和企业法律风险管理机制缺失有着决定性关联。在市场经济社会，企业是一种法律组织形式，企业的所有经营行为都会表现为相应的法律行为，企业的所有风险最终都会表现为法律风险。同时，法律风险的危害性远远大于商业风险，因其造成的不仅是财产方面的损失，还可能是声誉方面、人身方面的不利后果，甚至是致命性的，企业和企业家往往会为此付出难以估量的、难以承受的沉重代价。因此，较强的法治观念和法律风险管理能力，是企业家应当具备的基本素质，是企业高质量、高效率、可持续发展的基本保障。

从企业资源角度看，有效控制法律风险也是企业的战略资源。现代企业资产通常被定义为一切可以为企业带来未来价值的资源。只要是具备产出能力的都能称为资产，其可以是有形的，也可以是无形的；可以是已拥有的和已控制的，也可以是未拥有的和未控制的。同时，企业价值理论告诉我们，企业资产来自企业内部和外部，具有生命周期，企业资产管理应体现在其价值创造上，而非价值摧毁上。

企业可以在不违背法律的强制性规定的前提下，充分利用法律提供的运作空间实现利益最大化，甚至利用法律漏洞或者特定的司法环境获取一定的经济利益。但从长期来看，企业应始终秉承合法经营的基本理念，守法诚信所带来的不仅仅是眼前的经济利益，更是长远的、无形的企业价值。

那么，企业法律风险管理能带来哪些潜在收益呢？调查发现，完善的企业法律风险管理至少能带来以下潜在收益：①减少违反法律法规的概率；②获得商业优势和竞争优势；③改善内控体系；④减少诉讼和索赔；⑤提升公司形象；⑥降低战略核心业务的长期风险。也正基于此，国际优秀企业无不在企业战略方向设定中注入法律风险评估因素，将法律风险管理作为实现企业未来愿景的重要组成部分，作为实现企业战略目标的重要保障，以及企业价值观和绩效考核关键指标，并安排具体行动。

因此，企业要从战略高度重视法律风险管理。当然，这并不意味着要束缚企业家和企业的手脚，而是要通过增强企业抗法律风险能力来增强企业的盈利能力，促进企业、企业家、员工在法律风险可控的范围内大胆运作，在合法合规的权限内大展身手，避免无谓的损失，并将提高企业效益的可能性发挥到极致。

（三）法律风险防范第一

企业管理法律风险，应当树立事先防范第一、过程控制为主、事后救济为辅的理念。

事先防范是风险管理的基础。事后救济通常通过协商、调解、仲裁或者诉讼解决已经发生的纠纷，并以第三方的介入为主，往往费时费力，大大超过正常交易成本，且结果具有不确定性。即使是在法律上"必赢"的官司，也可能因受地方法治环境的影响而输掉，赢了官司无法执行，或者赢了官司输了生意的例子并不鲜见。

与"杀敌一万损兵三千"的事后救济相比,事先防范的成本低、效果好。事前防范的投入与事后救济的投入是成反比的。事前防范投入的成本越大,事后救济投入的成本就越小;事前防范投入的成本越小,事后救济投入的成本就越大。同时,事前防范的投入与效果成正比,事前防范的投入越大,取得的成效就越大。因此,对风险管理而言,事后控制不如事中控制,事中控制不如事前防范。事前控制就是企业自身的免疫系统,能够使企业法律风险防患于未然。

树立法律风险防范第一的根源还在于法律风险的不可弥补性。与其他风险不同,法律风险一旦发生,其违法行为的定性就不可更改,造成的损失往往也无法弥补。有效的事先防范,能最大化地避免法律风险的发生,能最大化地保障企业正常、健康、持续运转。

（四）化解法律风险是底线

安全是企业第一要素。企业通常更注重"发展",尤其是中国企业,通常比较"短视",急功近利,看重的往往是企业眼前的可得利益,而忽视了企业面临的风险。显而易见,如果没有安全作为前提,即使企业发展再快,其结果也可能不堪一击。

企业安全主要包括法律安全、资产安全、资金安全等,其中法律安全居首。企业需要特别注意防范因各类违法行为而受到刑事追究、行政处罚或者承担民事责任。如果受到刑事追究,企业可能被处以罚金,相关责任人可能被判处刑罚;如果受到行政处罚,可能被责令停产停业、吊销营业执照,甚至进入破产清算程序;如果因民商事纠纷而发生仲裁诉讼,就可能出现企业财产被查封、账号被冻结等状况,企业经营运转自然就会受阻,甚至会随时面临倒闭的危险。

有时法律风险难以避免,法律风险一旦发生,就要采取积极措施,化解风险,防止损害后果进一步扩大。"亡羊补牢"作为一种事后处理的补救方式,在风险已经发生后,对于挽救风险是具有一定意义的。为此,企业应当充分发挥法务部门、企业法律顾问、律师事务所等专业机构、专业人才的作用,化解法律风险。这些专业机构和专业人才对法律领域的问题更为熟悉,经验更为丰富。必要时，可以采取整体服务外包的方式，转移企业风险，降低企业损失。

需要特别强调的是，企业要防止经济纠纷演变成经济犯罪。有部分企业不能正确地面对经济困境，在发生经济纠纷后不能积极应对。比如企业向其他企业、组织或者个人借款后发生经营困难而难以兑付借款，而"一走了之"，如此一来，一个普通的借款纠纷就有可能转化为"集资诈骗罪"或"非法吸收公众存款"等犯罪行为，酿成非常严重的后果。另外，还有"提供虚假财务报告"、"虚假出资、抽逃出资"、"合同诈骗"、"职务侵占"、"金融诈骗"等多种类型犯罪，实行双重制裁，不仅主要负责人和直接责任人员会因此受到刑事处罚，企业也可能会受到刑事处罚。

（五）差异化管理企业法律风险

由于企业的行业、性质、规模、特点等不同，其面临的法律风险及采取的管控方案也有所差别。所以，应当对企业法律风险管理进行差异性研究。比如，国有企业在管理体制、价值目标、运作方式等方面都具有不同于民营企业的特殊性，其法律风险监管力度更强，因而面临的法律风险更大。再比如，中小企业与大型企业处于不同的发展时期，其经营范围、管理基础、管理资源等各方面都有自身特点，其法律风险管理的迫切性可能就相对较小，其法律风险管理体系建设就可以进行简化或者采取递进式建设模式。

企业法律风险管理是一种特质化、实践性极强的工作，风险管理模式也不具有可复制性，同时，由于经济、行业、监管、社会和企业经营条件将会持续发生变化，因而，需要动态地而非静态地识别、评估、控制法律风险。其他企业关于法律风险管理的经营教训，只能作为借鉴，不应当简单地、僵化地照抄照搬，而应当结合本企业的实际予以取舍，加以改进。

从《企业法律风险管理指南》的适用范围来看，其适用于各种类型和规模的企业，适用于企业在其整个生命周期和所有经营环节中开展的各种法律风险管理活动。但是此标准也仅仅是通用指南，不能作为行业性专用标准使用，企业应根据行业特点，结合自身情况和实际需要运用该标准实施法律风险管理。

《企业法律风险管理指南》的适用范围极广，涵盖所有的中国企业，任何企业都可以适用该标准进行法律风险管理。《指南》的这种普适性也意味着该标准具有"最大公约数"的性质，也就是说，为了满足法律风险管理普适性的要求，《指南》的具体性、针对性必然会有所不足。如此一来，企业如何根据行业特色和企业实际细化和强化该标准，建立起在本企业的法律风险管理规范，从而提升法律风险管理工作的效率和效果，是实施《指南》的难点所在。

（六）全员管理企业法律风险

前文已经述及，企业法律风险的防范和化解最终要靠企业自己。法律风险管理不能仅仅依靠法律顾问、法务部门、律师事务所等外部资源，更要发挥企业自身的优势，要企业全员参与到法律风险管理中来。

员工是管理风险的根本。然而，企业法律风险管理需要哪些能力，有必要认真思考和探讨。

多年来，企业在风险管理的实践中逐渐认识到，发生在企业内部不同部门、不同业务领域或不同经营环节的风险，有的相互抵消减少了，有的则相互叠加放大了。如果企业仅仅从某个部门、某项业务、某个环节角度考虑风险，可能会造成资源的浪费，甚至贻误风险管理时机。同时，企业自身比律师事务所、法律顾问等外部机构更熟悉本企业的经营情况，更了解风险状况。因此，企业法律风险管理应根据风险组合的观点，把管理法律风险作为全体员工的责任，把法律风险管理贯穿到整个企业运营过程。

在COSO《内部控制——整体框架》中，把控制环境的要素包括：主体员工的诚信、道德价值观和胜任能力；管理层的理念和经营风格；管理层分配权力和责任、组织和开发其员工的方式；董事会给予的关注和指导。同时，该标准还要求企业每个主体都必须评估来自外部和内部的（法律）多种风险，控制（法律）风险的活动发生在整个组织之中，遍及所有的层级和所有的职能。COSO《内部控制——整合框架》认为，"嵌入式"的控制支撑质量和授权行为，可以避免不必要的成本，并能够对环境的变化迅速做出反应。换句话说，内部控制体系与主体的经营活动紧密相连，当控制被嵌入主体的构架之中并成为企业本体的一部分时，内部控制最为有效。

可见，无论是从企业法律工作模式的发展趋势来看，还是从企业内部控制体系来看，都倡导把企业法律风险管理与企业的经营活动紧密联系起来，都倡导把企业法律风险管理作为全体员工的共同责任。法律风险的内部控制有助于确保企业行为符合法律法规，避免对其声誉、财产造成损害，可以帮助企业实现其业绩和盈利目标。

当然，要实现法律风险管理的全员管理，除了提高自身法律风险管理能力之外，法律风险的信息与沟通也显得非常有必要。因而，应当以适当的方式（比如建立法律风险管理系统）在一定的时间范围内识别、获取和沟通有关的法律风险管理信息，即信息必须在组织内自上而下、平行以及自下而上地传递，让员工能够了解自己在法律风险管理体系中的作用以及个人的活动与其他人的工作之间的关联，以便员工能够履行其责任。

（七）信息化、工具化管理法律风险

要树立法律问题管理化、管理问题工具化、管理工具信息化的理念。具体而言，要把法律问题纳入企业管理的各个方面，以管理的思维解决法律问题，要投入人力、财力、物力，开发或者引进、使用各种法律风险管理工具，尤其是信息化工具。这是时代的迫切需要，是提高风险管理的标准程度、降低风险管理随意性的需要，更是提高企业风险管理效率的需要。

信息化是人类迄今为止最先进的生产力，它为人类的生产生活提供了信息资源、信息系统、公用通信网络平台等信息网络体系，提供了信息科学技术研究与开发、信息装备制造、信息咨询服务等信息产业基础，促进了人类生产生活方式的转变和生产生活观念的改变。同样，信息时代既为企业法律工作手段带来了挑战，也带来了机遇。

信息技术的飞速发展改变着我国传统的经济结构和社会秩序，企业所处环境已不再是或者说不完全是以物质为核心的经济环境，而是以网络为媒介、客户为中心的信息经济环境。企业经营环境的改变带动企业成长方式和管理模式的改变，包括法律风险管理在内的企业管理都应借助信息化提供的强有力方法和手段实现。同时，风险管理技术的不断提高为实现法律风险管理的信息化提供了可能。一些更直观更精确更容易操作的风险度量方法和风险管理工具不断涌现，如 VAR、EVA 等。与以前相比，风险管理的手段更趋多样化、系统化，风险应对策略更趋复杂化、专业化，风险转移工具日趋增多，使得企业应对法律风险的策略和手段日益丰富，法律风险监管水平大大提高。

这些法律风险管理工具包括但不限于各种企业法律风险管理系统、各种企业规章制度、各种风险管理表单、法律风险管理手册、法律风险点库、法律风险案例库、法律法规库等各种数据库。同时，要充分运用网络、计算机、手机、电子设备等各种现代化信息技术工具，更好地为企业法律风险管理服务。

二、企业法律风险防范机制

前已述及，企业应当树立法律风险防范第一的理念。而要正确预防和规避企业法律风险，最有效的手段就是建立健全企业法律风险防范机制，使企业法律风险尽可能地被控制在能够接受的最小范围内，在让企业承担最小法律风险的前提下，实的现企业最大的经济效益和社会效益。鉴于企业法律风险防范机制的重要性和复杂性，本书予以专门阐述。

（一）企业法律风险防范机制的价值

当前，我国正处于社会转型期，情势错综复杂，风险显著增加，迫切地要求企业系统评估其所处的法律风险环境，把法律风险防范机制作为一项基本的战略性的管理方式，构建严密的法律风险防范网。

构建企业法律风险防范机制的目的在于增强企业法律风险管理的前瞻性、主动性、计划性和时效性。法律风险防范机制强调前瞻性、"防患于未然"、未雨绸缪，是企业法律风险管理"预防第一"理念的具体体现。现代企业法律风险管理为了避免传统法律顾问模式的弊端，适应现代企业的法律服务需求，对企业法律工作从内容到形式上都进行了重构，把预防、减少法律风险以及预防、减少诉讼作为首要任务。构建法律风险机制，有利于提高企业法律风险的防御能力。

从我国企业的整体现状来看，风险防御能力较低，胡润"富豪榜"成了"杀猪榜"，很多企业"见光死"，很多企业家身陷囹圄，承担了严重的刑事法律风险后果。法律风险防范机制，就像企业的"防火墙"，扫描风险，清除"病毒"，修复漏洞，普及知识，确保安全，提高效率。如今，完善的企业法律风险防范机制，是企业成熟、健康的体现，是企业整体素质和综合实力的展现。

因此，企业要结合本行业、本企业的实际，将企业所面临的法律风险与自然风险、财务风险、市场风险等其他风险区分开来，通过调查研究或聘请专业机构，建立或完善企业法律风险防范机制，以减少决策失误、管理失误等法律风险的发生。

（二）企业法律风险防范机制的内容

法律风险防范机制就是将企业法律工作的重心前移，变事后处理为事前预防，把法律风险防范作为企业一种常规性的管理工作，贯穿于企业的各个经营环节、各个业务流程中，嵌入企业各个部门的实际工作中。

以企业合同风险防范体系为例，企业合同风险防范的目标在于：防范合同纠纷，实现预期受益。那么，如何实现这一目标呢？

构建合同风险防范体系，首先要深入分析合同法律法规以及本产业链风险，系统掌握易发生法律风险的关键点，找出常见的法律风险点。其次，要全面梳理本企业合同，并从业务、交易模式、客户等角度进行分类，找出本企业易发生法律风险的环节、风险类型及处理结果等，找出本企业常见法律风险点。再次，根据本企业合同法律风险实际，确认最适合企业合同法律风险管理的角度，构建合同模板，并对相关员工开展风险防范培训，熟悉合同模板具体操作中的法律风险。最后，进行合同风险流程管理，即根据合同操作指引及风险提示，在签约前、签约中、履行中、履行后进行全程管理，完善凭证，加强评审。

企业法律风险防范体系应当与企业经营管理体系相融合，渗透于企业经营管理的各个领域、各个环节、各个岗位。企业法律风险管理的目的绝非是拖企业的后腿，而是降低风险、提高质效。因此，企业法律风险防范体系应当与企业经营管理活动相统一、协调，为企业经营总目标服务。另外，应当注重企业法律风险防范体系的操作性，将其与企业经营管理的每个细节相结合，以确保其具有可操作性。

（三）现代企业管理职能的拓展与提升

建立健全企业法律风险管理机制，不是将传统企业管理功能的简单重复与重组，而是企业管理功能的改造和提升。

传统上，企业管理职能包括三个部分：战略管理、执行管理、风险管理。

风险管理以战略管理和执行管理为基础的，是企业一般管理职能的扩展。当然，战略管理、执行管理与风险管理三种职能之间是相互制约、有机联系并可以相互转化的，属于共生互补关系。目前企业已普遍建立了一般预控，部分企业建立了全面风险预控机制和危机管理。如何重构企业管理职能呢？

我们首先分析一下企业各职能分工和部门设置，如表5-1所示。

表5-1 企业部门职能分工

管理功能	具体内容	部门设置
战略管理	负责规划、决策、计划、公关等	发展部、财务部、策划部、人力资源部、公关部等
执行管理	负责将战略规划、决策、计划付诸实施	生产调度部、市场营销部、原料供应部、设备动力部、技术开发部、人事劳动部等
风险管理	负责对战略管理和执行管理中可能发生的风险进行预防和控制	法律事务部、质量管理部、审计部、安全部等

企业风险管理职能的确立丰富了企业管理职能体系，促使企业管理职能发生了质的变化。它不是企业原有职能体系的简单增加，也不是从属性服务性职能，而是一种独立的新企业管理职能，补充和完善了企业战略管理职能和执行管理职能，使得企业管理职能更加实用、更趋完善。其具体职能主要包括一般风险预控、全面风险预控和危机管理三类，如表5-2所示。

表5-2 企业风险管理职能

具体管理职能	内涵	内容
一般风险预控	即对企业内部生产过程的常规性的预控	技术开发部负责技术预控，质量管理部负责产品质量，劳动部负责工作预控审计部负责成本预控等
全面风险预控	即在上述对内一般性预控统计数据综合的基础上，行使其全面预控的职能，对企业生产经营过程中内外部环境的综合性的预控。也即对企业内外部环境变化给企业可能造成的不利影响进行预测、预防及控制	企管部负责市场环境预控：产品销售额、市场占有率、市场发展趋势、资源配置变动、市场竞争情况、技术更新、消费水平与结构的变化等。法律事务部负责法律环境预控：法律法规的颁布、修改与废止、国家经济政策趋势、产业政策变化等。审计部负责资金预控：资产周转率、资金占有率、利润率、存货周转率、应收账款周转率、偿债能力分析、盈利能力分析等
危机管理	即企业发生重大事故、重大决策失误、政策突变等突发事件，使企业陷入严重困境或遭受重大挫折时，企业为消除或降低危机所带来的威胁和损失所进行的规划决策、动态调整、化解处理及员工培训等活动过程	由企业最高决策层直接领导风险管理部以及所有需要参与的职能部门，在非常时期可以就有关专业问题，聘请专业中介机构，为企业风险处理提供咨询服务

首先需要说明的是，法律风险防范功能不是孤立存在的，不能脱离企

业原有管理职能。相反，我们认为，企业法律风险预防机制必须有机地融入到企业原有的经营管理体系之中，唯此才能有效发挥其预防法律风险的功能。建立企业法律风险管理机制，加强企业法律风险管理，需要对传统企业管理职能进行重组和改造，形成一个有利于有效预防法律风险的新管理运行机制。那么，如何根据企业防范法律风险机制建设的需要，对传统企业经营管理功能结构进行调整，以融入法律风险防范的新思维呢？

在基本保持战略管理和执行管理职能的基础上，重点对风险管理职能作出调整，保持质管、安全等部门风险管理职能的前提下，赋予企管部、法律事务部、审计部风险管理新职能。具体方案如表5-3所示。

表5-3 企业风险管理职能分工

部门	法律风险防范职责
法律事务部	①政策法规研究、重大决策把关、各项合同审核、重点业务流程、法律风险知识培训等；②收集各种管理失误事件或案例，总结本行业的经验和教训，设置预控案件档案；③各种突发事件的预测与对策模拟，设计危机处理预案并进行模拟试验，在事件发生时提供给决策层参考。
企业管理部	①对内部生产、销售等相关部门进行管理；②产品市场环境监测、同行业竞争对手监测、技术发展趋势、原材料市场变化、消费市场变化等。
审计部	①内部经济责任审计、成本审计、预决算审计等一般性审计业务；②用企业设定的风险预控评价指标，对企业内外部各种经济现象进行评估和检测
危机管理部	是企业在危机状态下设立的临时性机构，它是法律事务部和企管部在特殊状态下的职能扩充。在企业决策层领导下，享有战略管理、执行管理和风险管理职能于一身。

设置独立的（法律）风险管理机构固然有利于（法律）风险的防控，但只要能够体现（法律）风险管理的职能，不设置独立的（法律）风险管理机构也是可以的。换句话说，企业法律风险防范机制的核心不在于是否有独立的（法律）风险管理机构，而在于（法律）风险管理职能的是否有效发挥。

一个企业是否设置独立的（法律）风险管理机构需要考虑以下两个因素：一是企业（法律）风险管理职能的实现；二是企业运行成本。固然，设置独立的（法律）风险管理部门有利于企业集中应对（法律）风险。但是，成立新的机构必然会增加企业投入，甚至会影响企业的组织机构的剧烈变动，必然要理顺（法律）风险管理职能与原企业管理职能之间的关系。如果企业重构企业管理职能，不过多改变既有的机构设置，把（法律）风险管理重心前移，实现（法律）风险的预防和控制职能，也是一种选择。我们倡导企业法律风险防范应当融入原管理组织机构中，与职能部门的本职工作结合起来，这样才能发挥各个部门应有的防范风险功能。

总之，企业（法律）风险管理的理想方案是：在传统企业管理职能中融入（法律）风险管理职能，在各个部门、各个岗位上防范企业（法律）风险，在此基础上，设置独立的（法律）风险管理部门，集中统一负责（法律）风险的预防、控制和监管。

（四）建立企业法律风险防范机制的程序安排

构建企业法律风险防范体系的是一个复杂的、系统的、渐进的过程，不仅需要企业高层的高度重视，还需要企业各个部门的密切配合以及企业外部律师等服务机构的支持，具体程序如图5-1所示。

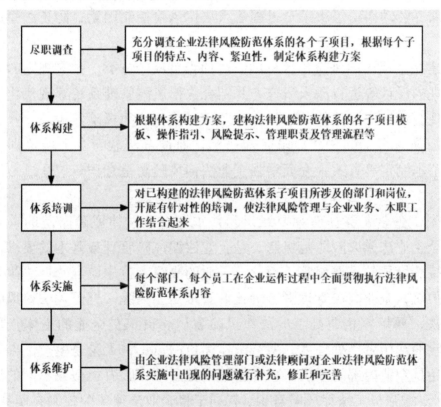

图5-1 企业法律风险防范机制构建程序

（五）建立企业法律风险防范机制的具体措施

①制定符合企业实际的法律风险管理战略，树立合法经营、稳健经营的法律风险防范理念。

②建立法律顾问团队和（或）企业（法律）风险管理部门，并参与经

营决策，发挥其法律风险防范的统领、监管作用。

③优化法律风险管理流程和制度，实时监控法律风险。通过重大决策法律论证机制、招标投标流程管理、合同流程管理、知识产权流程管理等，优化企业法律风险管理环境，完善法律风险防范制度。

④建立法律风险评估机制，审慎分析法律风险。对可能存在法律风险的经营管理事项按照科学的方式方法进行辨别、确认、归类、分级，并针对不同类型、级别的法律风险，提出具体的防范措施，明确法律风险防范目标、责任人、时间表，并对防范过程和结果进行监督、评价和修正。

⑤健全企业依法决策机制，在企业生产研发、市场营销、对外投资、对外担保、劳动纠纷等决策全过程注入法律风险控制因素，防止法律风险的发生。

⑥建立企业法律风险预警机制。对预警事项的分类、预警规则的设置、预警处理的设计等进行深入研究，并结合法律风险管理系统等现代化技术手段，实现企业法律风险的动态、实时监控，防范法律风险发生。

⑦加强对员工的法律风险管理培训。通过普法教育、上岗培训、风险宣传、范本制定等方式，全面增强企业法律风险防范意识。

（六）落实企业法律风险防范机制的支撑力量

首先，企业高层管理者要意识到并重视企业法律风险防范的重要性。建立健全企业法律风险防范机制，是企业法律风险管理最基本的要求，也是企业可持续发展的重要保障。因此，企业的决策者首先应当选择法律来为企业保驾护航，企业高层管理者有责任像管理商业风险一样管理法律风险。

其次，要培养企业员工的法律风险意识。员工是企业的主体，是具体法律风险的亲历者、处理者，所有工作岗位的员工，无论是生产工人、销售员工，还是企业内部管理员工，都会不同程度地面临着类似或不同的法律风险。因此，增强员工法律风险意识，有利于将企业法律风险控制在萌芽状态。

最后，要加强法律法规、国家政策、法律风险管理方法、风险管理工具等法律风险管理知识、能力和素质的教育培训力度，积极引导和培育员工的法律风险防范意识，使决策者和管理者充分了解本企业、本部门、本岗位面临的法律风险类别、级别、表现、后果、防范措施等，促使企业员工能够主动地、有意识地防范风险的发生。

当然，我们要求强化企业决策者、管理者和普通员工的法律风险意识，提高法律风险管理能力，并不是要束缚住企业的手脚，也并不意味着企业每个人都要精通法律或者成为法律专家（这是不现实的，也是没必要的），而是要求企业管理人员在决策时，企业员工在处理业务时，必须树立相应的法律风险意识。因为，法律风险管理属于专业性极强的活动，有时需要专业的法务人员的介入和评判。但是，如果企业管理人员具有足够的法律风险管理意识，他不仅能根据自己的法律风险认知判断法律风险，而且更重要的是能够主动地寻求专业法律人士的帮助。所以，我们倡导的企业法律风险意识，主要是指寻求法律顾问机构或者法务部门帮助的主动性、自觉性。

或许，构建企业法律风险加大了企业管理成本，甚至"贻误"了一些重要商机。但是，从长远来看，将企业的一切生产经营管理活动都纳入法治化轨道，有助于降低企业生产成本和交易成本，有助于提高企业生产效率和交易效率，有助于企业创新管理，从而实现企业利益最大化。

三、企业法律风险体检

（一）何谓企业法律风险体检

耳熟能详的扁鹊与蔡桓公的故事告诉我们，当疾病尚"在腠里、在肌肤、在肠胃"时，就要及时治疗，不能讳疾忌医，不能以"医之好治不病以为功"放弃有效的治疗时间，否则，当到病入"骨髓"时，神医也无能为力了。体检就是帮助我们及时发现小毛病后的大隐患。

"日常保健，定期体检"已成为现代人有效预防疾病的最佳手段之一，成为及早发现多种重大疾病的有效措施。"定期体间"倡导"随时注意身体的变化，及时就诊、治疗，没病早防、有病早治"的现代生活理念，其不但能起到预防作用和有病早治、遏制病患加重的效果，而且能及时改善生活习惯，保持健康，提高生活质量。

对于企业而言，定期法律风险体检何尝不是如此？企业如同人的身体，是一个动态系统，每天都在不停地发生着细微变化。一次法律风险体检的结果或许并不具有长期的意义，但是，坚持定期法律风险体检，有利于及时发现导致法律风险发生的因素，为控制法律风险提供更多的时间和机会。尤其是一些法律风险在初期乃至中期都具有"无痛性"或"症状不明显","自我感觉良好","自觉症状轻微",只有在专业机构、专业技术和专业工具的检查下，才能"确诊"。

所谓企业法律风险体检，是指企业在专业法律服务机构的指导和帮助下，依靠严格的法律风险体检流程和规范，对企业法律风险环境和法律风险管理水平作出客观、准确评判，并提出相应预防、改善措施，从而完善企业的抗风险能力的法律风险防范机制。简言之，企业法律风险体检，就是诊断、排查、清除企业各种法律风险隐患的行为。

如今，越来越多的人懂得"未病先防"的重要性，越来越多的企业懂得企业法律风险体检是帮企业花小钱，省大钱。企业定期法律风险体检是为了"防患于未然"或者"防病于初期"，其安全性、可控性、经济性等效果远比法律风险发生之后再去化解要好得多。无数事实一再证明，企业在日常运营过程中必然面临着或者已经产生了诸多法律风险，如果只在发生法律纠纷之时才寻求法律帮助，往往为时已晚，企业不得不付出惨重代价。

（二）企业法律风险体检内容

企业在日常经营活动中要有法律风险防范意识和危机意识，把法律风险体检作为企业风险防范体系的重要组成部分，充分利用律师、专业服务机构的专业优势，至少每年召开1～2次企业法律风险分析会，形成企业法律风险评估报告，做到"防患于未然"。

根据法律风险体检涉及范围的大小，可以把企业法律风险体检分为专项体检和全面体检。所谓专项体检，是指对企业并购重组、市场营销、公司治理、知识产权、合同管理、劳动关系等专项内容的法律风险作出评估和预判的企业法律风险体检形式。所谓全面体检，是指对企业所有可能涉及的法律风险领域进行全面检查，并作出评估和预判的企业法律风险体检形式。

根据法律风险体检级别的高低，可以把企业法律风险体检分为初级体检和高级体检。所谓初级体检，是指通过问卷调查、电子电话询问、提交资料审核等方式和手段，对企业法律风险环境进行识别和分析，对企业法律风险管理水平作出评价，并提供方向性管控建议的企业法律风险体检形式。所谓高级体检，是指通过问卷调查、电子电话询问、实地考察、现场访谈、详细审核、提交资料等方式和手段，对企业法律风险环境进行识别和分析，对企业法律风险管理水平作出评价，形成法律风险体检报告，并提出具体治理建议的企业法律风险体检形式。

全面法律风险体检意味着企业法律风险体检更为全面，高级法律风险体检意味着企业法律风险体检更为深入。但是，无论是专项体检、全面体检，亦或是初级体检、高级体检，其体检结论都应当是建立在客观、详细分析基础之上的，都应该具有相当的精细程度，其治理方案应该具有相当的完整性与可操作性。

（三）企业法律风险体检流程

企业法律风险体检需要在企业外部资源和内部机构的密切配合下完成，其流程分为外部流程和内部流程。

企业法律风险体检外部流程包括：企业与律师事务所或其他专业服务机构沟通协商，确定法律风险体检范围，然后双方签署企业法律风险体检服务协议，再由律师事务所或其他专业服务机构编制本次企业法律风险体检方案，再然后由律师事务所或其他专业服务机构根据体检方案，依据专业知识和经验，进行体检调研、汇集信息、分析评价，并编制初步法律风险调查分析报告，最后经过企业内部评审，提交正式本次企业法律风险的体检报告。

企业法律风险体检内部流程包括：详细了解本次法律风险体检情况，收集和审查企业法律风险相关信息；配合外部资源识别、确定并分析企业法律风险；召开评审会议，初步讨论法律体检报告和治理方案；评审法律体检报告，采取法律风险防范和排除措施。

（四）企业法律风险体检报告

法律风险体检报告是企业法律风险体检的最终成果形式，也是企业采取进一步法律风险预防、化解等措施的依据。

企业法律风险报告应当主要由律师事务所或其他专业服务机构出具，并通过企业的内部评审。应针对不同的企业法律风险体检类别和不同的法律风险体检项目，根据相应的分析指标和程式化要求，形成形式上相对统一、内容上非常个性的法律风险体检报告。其不仅要对企业法律风险进行整体探查、识别、分析和评估，而且还要找出具体的法律风险点，区分各个法律风险的复杂程度，以及判断各个法律风险点之间的关联性。

企业法律风险体检报告应包括风险项目、风险披露、预案设计、方案论证等内容。具体如下：①体检企业的概况、体检机构概况以及体检方法、体检范围、体检周期等体检概况；②体检项目；③体检项目正常指标范围和企业具体指标；④体检结论，包括企业整体法律风险环境、法律风险管理水平、法律风险重点领域等；⑤存在的法律风险及其成因的具体分析；⑥防范和化解法律风险的具体应对措施。

当然，构建并落实企业法律风险防范机制是企业风险管理的长期战略目标。由于企业内外部法律风险环境在不断发生变化，其法律风险体检报告中的风险防范重点和防范预案也应当适时进行调整。

第二节 企业法律风险管理目标与原则

一、企业法律风险管理目标

企业法律风险管理的目标，即是企业通过实施法律风险管理所要达到的目的。法律风险管理目标由两个部分组成：一是法律风险发生前的管理目标，主要是避免或减少法律风险形成的机会；二是法律风险发生后的管理目标，主要是努力减少法律风险造成的损失。二者有效结合，构成完整而系统的法律风险管理目标。

与企业战略目标相关，企业法律风险管理目标有不同的层次，不同的企业其法律风险管理的目标也不尽相同。整体而言，企业法律风险管理的目标应该包括以下四个有机联系的层次（如表5-4）。

表5-4 企业法律风险的目标层次

目标层次	目标内容
总体目标	为企业战略服务，降低企业风险，减少企业损失，提高企业质效，增进企业价值，保证安全、合规、持续经营
战略目标	增强企业法律风险意识，提高企业法律风管理能力，建立健全企业法律风险管理机制，提升企业法律风险管理水平
阶段目标	事前目标：建立法律风险防范机制，科学预测企业法律风险，努力消除法律风险隐患事 中目标：合理控制企业法律风险，确保企业合法规经营；事后目标：尽量减少法律风险对企业造成的损害，维持企业正常经营
具体目标	即处理特定某项法律风险事务的目标，因法律风险不同而有所差异

企业法律风险管理的总体目标应是针对不断变化的内外部法律环境，

运用科学的方法，全面、系统地识别、分析企业面临的以及潜在的法律风险，为企业的科学决策、依法经营提供法律保障。

二、企业法律风险管理原则

企业法律风险管理基本原则，是高度抽象的最一般的企业法律风险管理行为规范和价值判断准则，其对企业法律风险管理具有普遍的约束力和指导意义。为了有效管理法律风险，支持企业的决策和经营管理活动，企业进行法律风险管理时应遵循以企业战略目标为导向原则，审慎管理原则，与企业整体水平相适应原则，融入企业经营管理过程原则，纳入决策过程原则，纳入企业全面风险管理体系原则，全员参与、全过程开展原则，持续改进原则等基本原则。

（一）以企业战略目标为导向原则

企业战略目标是企业战略发展预期取得的主要成果的期望值，是企业使命和企业宗旨的具体化和定量化，是企业经营活动最根本的出发点和依据。

作为企业的奋斗纲领，企业战略目标是衡量企业一切工作是否实现企业使命的标准，反映了企业在一定时期内的发展方向和所要达到的水平。企业战略目标具有宏观性、长期性、稳定性、全局性等特征，其内容是多元化的，既包括经济目标，又包括非经济目标，既可以是竞争地位等定性指标，也可以是发展速度、市场规模、业绩水平等定量指标。

企业战略目标有以下八个关键领域：①市场方面；②技术改进和发展方面；③提高生产力方面；④物资和金融资源方面；⑤利润方面；⑥人力资源方面；⑦职工积极性发挥方面；⑧社会责任方面等。

企业法律风险管理的目的在于促进企业战略目标的实现。企业战略目标指导企业法律风险管理行为，有效控制法律风险也是企业的战略资源，企业法律风险管理保障着企业战略目标的实现。因此，法律风险评估和应对等企业法律风险管理活动中，应充分考虑法律风险与企业战略目标之间的相互关系、影响等因素。

因此，企业在进行法律风险管理前，应当根据企业经营管理战略确立本企业法律风险管理目标，确定企业整体法律风险和各类法律风险的可承受度。针对企业不同生命周期以及在不同时期的发展重点，对法律风险管理战略和措施进行适时调整，使风险管理切合企业自身实际，符合企业不同时期的发展需要，最终实现企业法律风险管理战略与企业整体战略思想和发展目标高度一致。

（二）审慎管理原则

"审慎"，顾名思义，周密而慎重、谨慎行事之意。审慎性原则最初应用于会计领域，要求进行会计核算时不应过高估计资产价值，也不应低估负债或费用。后来，审慎性原则逐步扩展到银行业等金融领域，尤其是20世纪90年代美国联邦存款保险机构遭受了超过1 000亿美元的巨额损失之后，国会通过联邦存款保险公司改进法案（FDICIA），以法律形式确立了审慎监管原则。在巴塞尔委员会1997年的《银行业有效监管核心原则》中，审慎监管原则被作为一项最重要的核心原则确立下来。所谓审慎监管，是指以防范和化解金融业风险为目的，监管部门通过制定一系列周密而谨慎的金融机构经营规则，检查金融机构执行审慎经营规则的情况，客观审慎评价金融机构的风险状况，并及时进行风险监测、预警和控制的监管模式。

在法治社会，法律是最基本的行为规范，是维护合法权益的屏障，是企业经营管理的底线。因此，公民、企业都应当敬畏法律、恪守法律，对于法律风险应坚持审慎管理原则。要在尊重法律、保持诚信的前提下，开展法律风险管理活动，风险管理的策略和方法不应违反法律的强制性和义务性规定。

（三）与企业整体管理水平相适应原则

我们永远不可能消除风险，因为我们消除风险的每一决策本身即蕴含着风险。我们能够做到的就是建立有效的风险管理机制，将风险控制在一个合理的水平。

法律风险管理的最终目标，并不是单纯地追求消灭所有法律风险或者将所有法律风险最小化，而是要为企业战略目标服务。风险与利益是一对矛盾体，高收益必然带来高风险，低风险意味着低收益。对企业而言，预期利益与风险承受度之间的矛盾，是其发展过程中始终面对的问题，过度控制风险会造成商业机会的丧失和管理成本的增加。企业的根本目标是实现利益最大化，一味地、单纯地强调降低甚至消除所有法律风险，不仅是不现实的，也可能将使企业无法正常地经营和发展。但是，如果为了牟取利益而疏于对法律风险进行控制，也将会给企业带来严重的法律后果，甚至导致企业遭受灾难性的打击和损失。

企业法律管理的目的，是要通过发现、识别、分析企业面临的各项法律风险，制定、实施相应的控制、处理和监控措施，使法律风险被控制在企业所能接受的范围内，实现企业承担的法律风险与经营收益的优化和平衡。法律风险管理是企业管理的有机组成部分，和企业战略管理、流程管理、绩效管理、信息管理等密切相关。企业需要正确处理好业务发展与企业风险承受能力之间的关系，在法律风险可承受的范围内，实现企业利益最大化，实现风险程度和风险控制成本最小化。

因此，法律风险的识别、分析、评价和控制等活动只有与企业整体管理水平相适应，做到不滞后、不超前，才能取得良好的效果。

（四）融入企业经营管理过程原则

过程控制是风险管理的关键。法律风险发生于企业的经营管理活动中，其识别、分析、评价和应对都不可能脱离企业经营管理过程，法律风险管理必须融入企业经营管理过程，成为其有机组成部分，实现企业法律风险管理和企业经营管理的水乳交融，不能削足适履。

企业法律风险的过程控制要求法律风险管理应当贯彻并渗透于企业运作的每个环节、每个部门、每一个岗位，从法律风险源头开始，在企业经营管理全过程嵌入适当的、足量的法律风险控制点，筑起一道全方位的法律风险防火墙，实现对法律风险的整体把握、全程管理、全程监控。

（五）纳入决策过程原则

只有法律与业务高度结合，才能将企业法律风险防控到最低水平。企业法律风险管理是个系统工程，从企业"出生"（设立）开始到企业"死亡"（解散）终止，企业所有决策都应综合考虑风险，以便将风险控制在企业可接受的范围内。法律风险作为企业的重要风险范畴，应纳入企业决策过程，作为企业决策应考虑的重要因素。企业法律风险管理方案亦需要考虑并融入企业整体发展战略和决策之中。

（六）纳入企业全面风险管理体系原则

法律风险管理是企业风险管理体系的组成部分，法律风险管理体系建设的目的在于：以现行法律法规为基础，通过对企业历史数据的研究，进行企业法律风险定性和定量分析，厘清企业法律风险全貌，并集中力量应对企业重要法律风险。因此，企业法律风险管理应与其他风险的管理整合，以提高风险管理的整体效率和效果。

《企业法律风险管理指南》特别指出，法律风险管理是企业全面风险管理的组成部分，贯穿于企业决策和经营管理的各个环节，要求全员参与、全过程开展。这为企业法律风险管理与企业全面风险管理的对接设置了接口。

（七）全员参与、全过程开展原则

法律风险产生于企业经营管理的各个环节，因此法律风险管理需要企业所有员工的参与并承担相关责任，其中特别包括企业专职的法律管理部门（或人员）。各方人员分工负责，以形成法律风险管理的长效机制。

企业法律风险管理要明确企业各部门、关键岗位在法律风险管理中的职责和作用。为此，应将法律风险管理与部门考核、绩效考核相挂钩，对企业的生产、经营、管理的每一个环节进行全面法律监控，并通过对监控过程中发现和反馈的实际问题进行不断地改进和完善，逐渐优化法律风险控制的制度和流程，将企业在生产经营过程中的决策失误、管理失误等风险，置于有效的监测和控制之下，使企业的一切管理行为均在有序的均衡状态下自我运行，做到全程监控、人人防范。

以企业合同法律风险管理为例，要从合同整个生命周期出发，从传统的合同审查、提供法律意见书等合同订立阶段的"点"的把关，延伸到对合同当事人的资信调查、项目谈判、文本制订、合同签订、合同履行、纠纷处理等全过程的"线"的把关，在全面梳理相关案例和认真分析合同风险源的基础上，依照"计划—执行—检查—修正"的管理模式对合同进行循环过程管理。

（八）持续改进的原则

良性的法律风险管理机制，将对企业盈利起到积极的促进作用，不断提高企业内部工作效率，减少诉讼案件的发生，保护和提升企业的经济效益和社会效益。法律风险管理体系建设、落实和改进是一个不断循环的动态过程，需要企业的高度重视和长期不懈地努力。

随着内外部法律环境的变化，企业面临的法律风险也在不断发生变化，企业应该持续不断地对各种变化保持敏感并做出恰当反应。法律风险是随着法律环境的不断变化而动态发展的，新的风险种类、表现形式不断出现，即使法律风险类型没有发生变化，但其影响范围和发生的可能性也会随着时间的推移产生变化。如果企业对法律风险管理的准确性和针对性不够，其势必会失去管理的意义，甚至还会影响企业的经营管理。因此，法律风险管理应是不断动态更新的。

企业法律风险管理机制，不应是一个围绕法律制度的静态管理体系，而应是一个适应企业内外部法律环境变化的动态过程，是一个对法律风险进行评估、控制、监控和处理的动态系统。企业应建立企业法律风险管理定期评估、调整更新的机制，使其各步骤、各制度之间形成一个循环往复的闭环。

因此，企业应不断改进和优化企业法律风险管理，即以国家重大法治事件或同行业重大法律风险案例为契机和教材，以本企业重大决策、关键环节、核心岗位为重点，实施科学化、规范化和制度化的法律风险管理，并根据企业法律风险内外环境的变化及时对法律风险管理工作进行改进与优化。

三、企业法律风险管理难点

由于企业法律风险管理产生较晚，理论尚不成熟，实践也不充分，还存在诸多有待进一步论证和检验的地方。目前，企业法律风险管理的难点有以下六个方面：

一是如何建立适合企业自身情况的法律风险管理框架。《企业法律风险管理指南》是一个通用标准，不能作为行业性的专用标准使用，更不是企业实施法律风险管理的具体标准。企业应根据行业特点，借鉴参考其他企业的经验教训，结合自身情况和实际需要应用本标准实施法律风险管理。

二是如何客观评估企业法律风险。企业法律风险定性评价较为容易，定量评价不仅涉及专业知识，而且需要通盘考虑企业状况，这无疑涉及企业管理人员的责任问题，面临非常大的阻力。

三是如何将企业法律风险管理落实到每个环节、每个部门、每个岗位。

企业法律风险管理应当实行流程管理、全员管理，与岗位管理、绩效管理结合起来，但是如何具体实施，由于企业文化不同，差异很大，难度也较大。

四是如何合理利用法律风险管理的外部支撑力量。法律风险管理专业性较强，涉及法律、财务、管理等多个领域，如何有效利用律师事务所、法律顾问等外部力量，使之与企业内部力量充分融合，避免二者脱节，是一个难题。

五是如何开发、应用企业法律风险管理信息工具、法律风险数据库等。目前市场上企业法律风险管理工具普遍存在内容陈旧、结构不合理、使用不方便等问题，未能与企业实际结合起来，数据库支撑不够。

六是如何更新企业法律风险管理理念，重视企业法律风险管理工作。虽然，法律是企业经营的底线，法律风险管理能够减少企业损失，但是由于法治环境、企业文化等原因，加之企业法律风险管理周期较长、强度较大、成效较为隐性等原因，许多企业还不够重视。

参考文献

[1] 潘兆锋，林涛．企业审计风险与防范措施 [M]．广州：广东经济出版社，2022.07.

[2] 覃春平，王玉秋．企业财务风险管理风险管控方法与案例分析 [M]．北京：人民邮电出版社，2022.05.

[3] 刘靳．企业财务风险防范速查手册 [M]．天津：天津科学技术出版社，2022.11.

[4] 刘宁悦．风险投资与企业创新的关系研究 [M]．北京：北京理工大学出版社，2022.04.

[5] 徐嵩，伍志坚，黄明建．企业合同纠纷疑难解答与风险防范 [M]．北京：法律出版社，2022.06.

[6] 童德华，童高波．企业管理常见刑事风险及防控 [M]．武汉：武汉大学出版社，2022.08.

[7] 冯春阳，张舒，虎倩．企业内部控制 [M]．武汉：华中科学技术大学出版社，2022.07.

[8] 王剑华．企业管理创新与内部控制 [M]．吉林科学技术出版社有限责任公司，2022.01.

[9] 王国生．企业内部控制 [M]．北京：首都经济贸易大学出版社，2022.09.

[10] 盛立军，宣胜瑾．企业内部控制实务 [M]．北京：北京理工大学出版社，2022.11.

[11] 肖凯聪，王春军．施工企业合规风险识别与管理 [M]．北京：中国建筑工业出版社，2022.04.

[12] 马泽方.企业所得税实务与风险防控第 4 版 [M].北京：中国市场出版社，2022.04.

[13] 周茜.网络融资模式下小微企业信用风险研究 [M].北京：经济科学出版社，2022.07.

[14] 冯宇.企业法律风险防控与合规指南 [M].北京：法律出版社，2022.03.

[15] 陈飞，左小德.雇员群体离职对企业重大信用风险的预警 [M].北京：经济管理出版社，2022.09.

[16] 陈加奎.我国小微企业网络融资风险管理 [M].北京：经济管理出版社，2022.10.

[17] 臧慧萍.内部审计参与企业全面风险管理的路径研究 [M].北京：经济管理出版社，2022.06.

[18] 宋丽丽.中国企业对外直接投资风险防范与应对研究 [M].上海：复旦大学出版社，2022.08.

[19] 韦福雷.企业家社会资本对企业多元化战略与经营风险的影响研究 [M].北京：中国经济出版社，2022.09.

[20] 王站杰，陈法杰.企业社会责任与战略风险理论与实证 [M].东北财经大学出版社有限责任公司，2021.01.

[21] 刘从胜，彭建国，张志宏.企业安全风险管控工作实践指南 [M].西安：陕西科学技术出版社，2021.03.

[22] 柴裕红.中国企业涉外法律风险防控专题研究 [M].商务印书馆有限公司，2021.09.

[23] 李敏.企业内部控制规范第 3 版 [M].上海：上海财经大学出版社，2021.12.

[24] 徐礼礼，谢富生，胡煜中.基于大数据的内部控制 [M].上海：立信会计出版社，2021.07.

[25] 孙娜，江钰媛，孙绍荣.内部控制与质量监管制度研究 [M].北京：中国经济出版社，2021.08.

[26] 程新生.企业内部控制第 4 版 [M].北京：高等教育出版社，2021.

[27] 章国标 . 企业内部控制 [M]. 浙江大学出版社有限责任公司，2021.09.

[28] 梅波 . 周期叠加环境下企业债务资源配置及风险防控研究 [M]. 上海：立信会计出版社，2021.10.

[29] 杨晶晶，吕铭 . 企业内部控制与风险管理 [M]. 中国科学技术大学出版社有限责任公司，2021.04.

[30] 杨雄俊，徐涛 . 企业常见法律风险及防范研究 [M]. 北京：台海出版社，2021.

[31] 周昌发 . 企业法律风险防范的原理与实务 [M]. 北京：社会科学文献出版社，2021.06.

[32] 段彪永 . 中小企业法律风险识别与防控 [M]. 北京：中国法制出版社，2021.12.

[33] 周玮，周苏妍 . 企业风险管理：从资本经营到获取利润 [M]. 北京：机械工业出版社，2020.01.

[34] 庄粉荣，李汉柱 . 企业纳税实务及风险管理 [M]. 北京：中国铁道出版社，2020.04.

[35] 余步雷 . 企业集团信用风险评估模型研究 [M]. 长春：吉林大学出版社，2020.03.

[36] 蒋涛，唐莹 . 中小企业法律风险防控研究 [M]. 北京：中国商务出版社，2020.08.

[37] 吴智勇 . 企业内部控制建设与评价 [M]. 吉林出版集团股份有限公司，2020.04.

[38] 陶燕贞，李芸屹 . 财务管理与会计内部控制研究 [M]. 吉林人民出版社有限责任公司，2020.06.

[39] 池国华 . 内部控制学 [M]. 北京：高等教育出版社，2020.08.

[40] 李明 . 企业社会责任风险控制研究 [M]. 长春：吉林大学出版社，2020.05.

[41] 江磊，韩宣平 . 企业常见法律问题解析与风险防控 [M]. 合肥：中国科学技术大学出版社，2020.01.

[42] 李青云. 风险管理与投资规划 [M]. 北京：中国金融出版社，2020.03.

[43] 闫东玲，刘俊. 风险管理与保险 [M]. 天津：天津大学出版社，2020.08.

[44] 张成虎. 互联网金融风险管理 [M]. 北京：中国金融出版社，2020.12.

[45] 周春阳. 金融尾部风险管理研究 [M]. 上海：上海交通大学出版社，2020.

[46] 王伟. 多维度的风险管理与危机预警研究 [M]. 西安：西北工业大学出版社，2020.02.

[47] 王文. 内部控制与风险管理理论与实务 [M]. 长春：吉林人民出版社，2020.07.

[48] 许振宇. 突发事件风险管理方法与实践 [M]. 西安：西北大学出版社，2020.06.